Nur ein paar Stündchen

Nix wie raus, ganz schnell ins Grüne. Auch mit wenig Zeit lässt sich Großartiges erleben. Kleine und große Abenteuer warten direkt vor der Haustür.

4H

Raus für einen Tag

Man muss nicht das Land verlassen, um neue Welten zu entdecken. Einfach mal einen Tag lang raus aus dem Alltagsallerlei und rein in die Natur.

12H

Ferien für ein Wochenende

Warum auf die große Auszeit warten, wenn man einen erquicklichen Wochenendtrip ins nahe Umland machen kann? Vergnügen, Abenteuer und Wohlgefühl kompakt und intensiv.

36H

LIEBE LESERIN, LIEBER LESER,

es war der kilometerlange Strand von Sankt Peter-Ording, der uns vor Jahren an die Küste gezogen hat. Erst später erfuhren wir, dass in Schleswig-Holstein die zufriedensten Menschen von ganz Deutschland leben. Viel braucht es zum Glücklichsein auch nicht: aufs Wasser schauen, die Weite der Landschaft aufnehmen. Durch rapsgelbe Landschaften oder mit den Schiffen des Nord-Ostsee-Kanals um die Wette radeln. Etwas Neues probieren, mal aufs Bord steigen oder durchs Wasser wandern. Zwischen den Meeren alte Moore entdecken oder die Nachbarschaft auf einer Wanderung mit Eseln erkunden. Das nächste Schiff auf eine Insel oder Hallig nehmen.

Viele wunderbare Eskapaden in und um Nordfriesland wünscht Ihnen, dir und euch

AUSZEIT.
ABENTEUER.
LEBENSFREUDE.

1. KAPITEL ABSTECHER

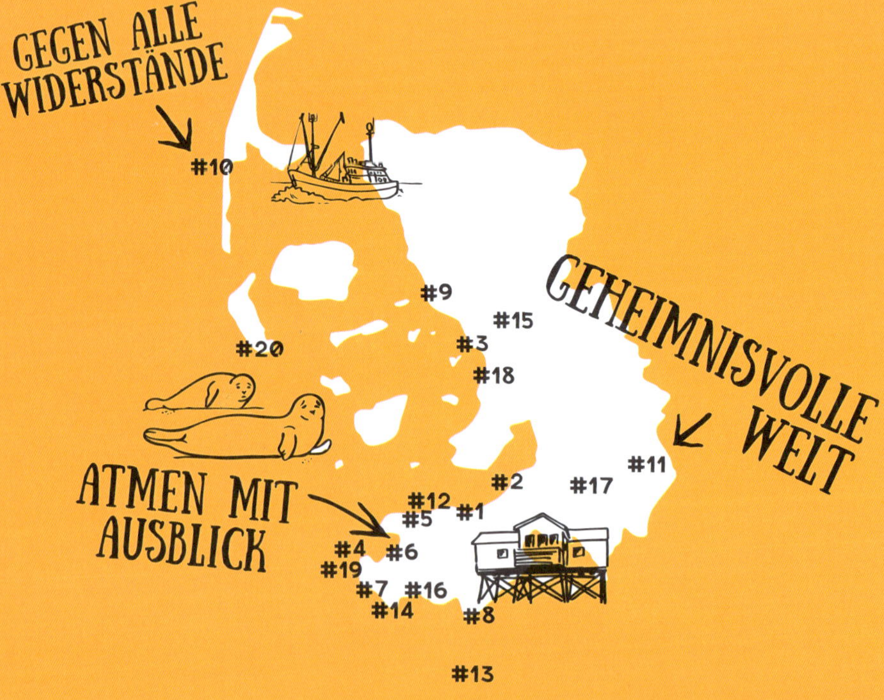

Nur ein paar Stündchen

Manchmal reicht schon eine kleine Auszeit, um den Allltag hinter sich zu lassen. Am Meer, im Moor, auf dem Rad oder mit einem Drachen in der Hand.

4H

DIE FRIESEN-TAUFE

… in der Husumer Bucht

#1

Lust auf Baden und kein Meer da? Kein Problem: Die Ebbe gibt Schlickflächen frei. Einfach die Hemmungen verlieren und im Badedress rein in den Modder – hochgesunde Materie!

#Schlickparty #Modderfreuden #DasBestevomWatt #GratisWellness

Die Robbe dort hinten ist gar keine: Es handelt sich schlichtweg um ein Kind bei der Ausübung eines durch und durch nordseetypischen Sports: Schlickrutschen. Auf dem Bauch. Schlickwatt, mit seinem mehr als 50-prozentigen Anteil an Ton- und Schluffstoffen, findet man gerne in Buchten. Gutes Beispiel: die Husumer Bucht, am Dockkoog und in Schobüll. Aber auch am Tetenbüllspieker. Schlick ist zwar sauerstoffarm, blubbert aber, wenn man hineintritt. Mischwatt ist das lebendigste, Schlickwatt hingegen ist dunkler und kommt seltener vor: der wahre Schatz der Nordsee. Also nichts wie ab in die flutschige, quabbelige Masse. Es quatscht und quasselt ringsherum bei jedem Schritt.

Und Schlick ist überdies gesund! In vielen Wellnessabteilungen wird er gegen bares Geld auf die Haut aufgetragen – und soll sich dann positiv auf die Gesundheit auswirken. Im Kampf gegen Rheuma, Erkrankungen des Bewegungsapparates, Durchblutungsstörungen und Hautkrankheiten.

Für graue Füße nach einer Wattwanderung sind an fast jedem Strand entsprechende Duschen mit zwei Wasserhähnen angebracht – denn wer einmal im Schlick war, weiß, wie gut der haften bleibt! Also am besten möglichst zeitnah wieder runter damit.

Hier draußen, in der unverdorbenen Schlicknatur der Husumer Bucht, darf man dabei den Spaßfaktor nicht unterschätzen. Hat sich vor der Dusche bereits eine Schlange gebildet, kann man sich prima über die Missgeschicke der anderen austauschen, über die

Barfuß ins Schlickwatt - nicht nur gut für die Gesundheit, sondern auch ein großer Spaß für Mensch und Vierbeiner.

Konsistenz des lokalen Schlicks fachsimpeln und Vergleiche ziehen oder sich gegenseitig nassspritzen. Manchmal wird einem auch die Ehre zuteil, sich mit hübschen Schlammspritzern besprenkeln zu lassen, wenn sich zufällig ein Hund neben einem schüttelt, der auf Schlickbäder steht. Also am besten Badezeug einpacken. Handtücher. Und dann die volle Packung. Robbengleich.

FAZIT: GUT VERSCHLAMMT – EIN GEFÜHL WIE KINDSEIN.

Hin & Weg: Mit dem Rad oder Auto zum Tetenbüllspieker (Everschopsiel) auf der Halbinsel Eiderstedt, an den Husumer Dockkoog oder nach Schobüll fahren.

Beste Zeit: Mai–September bei Sonnenschein und angenehmen Temperaturen.

Dauer: 2 Std. inkl. Duschen und Trocknen.

Ausrüstung: Badesachen, Handtuch.

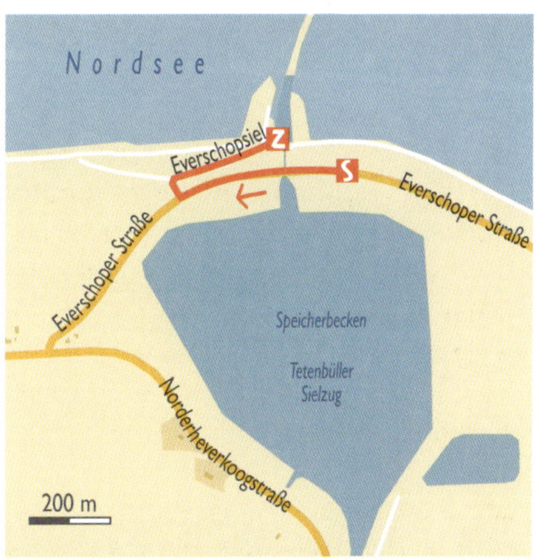

RADELN ZUR RAPSBLÜTE

… auf der Halbinsel Eiderstedt

#2

Seifige Düfte wabern durch den Äther, eine Halbinsel trägt Gelb: Der Raps blüht im Mai an allen Ecken auf Eiderstedt. Also rauf auf das Rad!

Rapsfelder hüllen die Umgebung in ein knalliges Gelb.

Eine leichte Brise weht übers Land, hier in Simonsberg am Ende der Dörpstraat vor dem Deich. An dieser Stelle beginnt die Tour, hier muss man erst mal das Rad über den Deich schieben, wo die allgegenwärtigen Schafe friedlich grasen. Auf der Deichkrone ist der Punkt erreicht, an dem sich die Meeresluft mit dem Rapsgeruch mischt. Zur Linken liegt das Naturschutzgebiet Wester-Spätinge, ein Paradies für Vögel. Nach etwa einem Kilometer stößt man auf einen kleinen Weg, der vom Deich wegführt, hin zum sogenannten Zuckerschiff beziehungsweise zur Fundstelle desselben. Die Überreste des kleinen Frachtseglers aus dem 16. Jahrhundert sind heute im Schiffahrtsmuseum Nordfriesland in Husum zu bewundern.

Über den Weg Am Zuckerschiff gelangt man nach Uelvesbüll. Dort links in den schmalen Porrendeich einbiegen, den ältesten und hübschesten Teil des Dorfes: Backsteinhäuser mit und ohne Reet, spielende Kinder und im Wind flatternde Wäsche – Idylle pur. Am Ende geht's weiter über den Mühlendeich und ein Stück die Landstraße entlang. Die schmalen Landwirtschaftswege und alten Sommerdeiche sind auf jeden Fall den Landstraßen vorzuziehen. Das Ziel ist der Rote Haubarg, ein Großbauernhof aus dem 17. Jahrhundert mit gewaltigem Reetdach. Einst konnte der Haubarg Mensch, Vieh und Vorräte beherbergen. Und heute so: Relaxen mit Kaffee und Rhabarberkuchen im Garten.

Nach der kleinen Pause kann man den Haimoordeich ansteuern, der in den Ingwershörner Deich übergeht: eine abwechslungsreiche Strecke mit Schwung und Kurven. Richtig schön! Immer wieder säumen Gehöfte und Reetdachkaten den Weg. Und Raps natürlich. Über den Platenhörner Deich, Katersweg und Leglichkeit kommt man wieder zur Simonsberger Straße. Ein Angelteich, von Raps umzingelt, lädt zum Chillen ein. Ein Stück weiter, in Simonsberg fährt man geradeaus, radelt gemütlich die Dörpstraat entlang. Das ist das wahre Simonsberg; Reetdachhäuser links und rechts, ein Kirchspielkrug und daneben die Backsteinkirche aus dem 19. Jahrhundert.

Hin & Weg: Mit dem Rad ab Simonsberg, Dorfstraße/Deich.

Beste Zeit: Anfang–Mitte Mai (wetterabhängig). Mehr zu Museum und Lokal unter www.schiffahrts-museum-nf.de und www.roterhaubarg.de.

Dauer & Strecke: 2–3 Std., 17 km mit dem Rad.

Ausrüstung: Rad, bequeme Schuhe für die kurze Deichwanderung, etwas zum Trinken.

Für eine kleine Pause bieten sich viele Stellen entlang der Strecke an, am Rapsfeld, Angelteich oder auf der Wiese.

Am Ende der Dorfstraße steht man dann wieder am Ausgangspunkt der Radtour vor dem Deich. Und irgendwie macht sich jetzt das Gefühl breit, der Raps rieche intensiver als jemals zuvor.

FAZIT: SCHÖNE LANDSCHAFTEN, STRAMME WADEN, KUCHEN UND KNALLIGES GELB HEBEN DIE STIMMUNG.

FAT FRANK

→ ABSTECHER…

WO DIE SCHAFE CHILLEN

… mit dem Rad auf die Hamburger Hallig

#3

Vier Kilometer Salzwiesen, Radeln mit intensivem Meerduft. Die ersten Wildgänse im September, Schafe immer und überall – sogar am Strand? Manchmal schon. Denn auch Schafe machen gerne mal einen Ausflug.

#EineHalligzumAnfassen #Salzwiesen #Naturschutz #Schafeenmasse!

Zur Hamburger Hallig kann man bequem vom Festland aus radeln und dort bei Kaffee und Kuchen den Anblick friedlich grasender Schafe genießen.

Ein herrlich warmer Tag in Nordfriesland. Es riecht nach Strand, nach Meer und Sonnencreme. Also schnell die Badesachen eingepackt und rauf auf den Fahrradsattel. Das Ziel klingt nach mehr als nur nach reinem Badevergnügen: die Hamburger Hallig ist eine der wenigen, zu der man vom Festland aus radeln kann.

Zunächst geht es hinter dem Amsinck-Haus über den Deich: weiter Horizont, alles schön flach, easy going. Salzwiesen rechts, Salzwiesen links. Der Wind streicht über die Gräser, hier und da taucht ein Schaf auf. Bald sieht man vielleicht eine ganze Horde, die gemeinschaftlich in der Nähe des NABU-Hauses (Claus-Jürgen-Reitmann-Haus) chillt, das auf halber Strecke zum Wasser auf dem Schafsberg liegt. Wer hier das Rad abstellt und den Lehrpfad durch die Salzwiesen einschlägt, wird tief in die Welt von Milchkraut und Strandaster eintauchen.

Aus dieser flachen Welt ragt weiter hinten ein Gebäude empor: Das Restaurant, der Krog der Hallig, liegt erhöht auf einer Warft. Von Weitem sieht es bei bestimmten Lichtverhältnissen fast so aus, als würde ein Haus auf dem Meer schwimmen – wie eine Fata Morgana. Der Parkplatz vor dem Krog scheint in einem permanenten Belagerungszustand zu sein. Schafe, die Schatten suchen, Schafe, die vor Autos parken. Zeit für Kaffee und Kuchen. Oder Wattenmeersalat mit Zuckeralgen? Und zum Nach-

tisch Apfelkuchen mit Sahne. Ein ehemaliger Traumschiffkoch ist im Krog am Werk.

Aber vor dem Essen geht es noch an den Strand. Vielleicht ist das Meer gerade da? Im flachen Watt erwärmt es sich schneller und bleibt länger warm. Manchmal gehen die Schafe ebenfalls an den Strand und mischen sich unter die Badegäste. Bei Ebbe einfach die Schuhe ausziehen und barfuß durchs wunderbare Watt laufen. Immer dem Meer hinterher. Das ist wie Baden in der Luft.

Für alle, die die Stille ruhiger Wintertage lieben, hier noch ein Spezialtipp: Man kann die Tour nämlich auch Anfang des Jahres machen, wenn die Hamburger Hallig menschenleer ist. Entweder zu Fuß oder mit dem Rad. Man trifft auf eine Küstenwelt im Wartemodus. Niemand wohnt jetzt hier, selbst die Schafe grasen auf den Fennen im Inland. Erst ab April kommt wieder Leben in die Bude. Mit einer Decke, einer Thermoskanne voller Kaffee oder Tee und einem frisch gebackenen Kuchen einfach gemütlich an der Wasserkante niederlassen. Am besten, wenn es ganz windstill ist. Den Stimmen der Vögel lauschen, die man nicht sieht. Dem leisen Klatschen des Wassers. Ein geradezu magisches Erlebnis.

FAZIT: GENIALE LUFT, LÄSSIGE ATMOSPHÄRE, WEITER HORIZONT. FÜR ALLE FANS VON WOLLENEN PAARHUFERN.

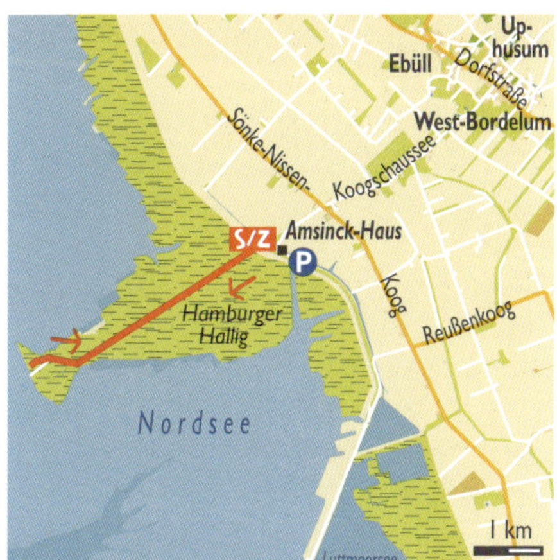

Hin & Weg: Mit dem Rad ab dem Amsinck-Haus (ca. 10 km hinter Bredstedt, Adresse: Sönke-Nissen-Koog 36A, Reußenköge). Räder kann man am Amsinck-Haus für einen kleinen Betrag leihen (www.amsinck-haus.de). Alternativ zu Fuß gehen.

Beste Zeit: Mai–September. Öffnungszeiten und mehr unter www.hallig-krog.de

Dauer & Strecke: 2–3 Std., je nach Länge der Pause zum Baden oder Spazieren im Watt; ca. 8 km.

Ausrüstung: Fahrrad, Badesachen je nach Temperatur und Tide.

→ Abstecher …

Picknick in den Dünen

… von Sankt Peter-Ording

#4

Wenn alle vom Strand nach Hause gehen, ist manchmal die beste Zeit zu kommen, sich ein Plätzchen in den Dünen zu suchen – und den Abend und das Dinner draußen zu genießen.

#Stranderleben #DünenPicknick #Romantikalarm #lecker

Es ist Abend am Meer und schön hell, denn die Sommertage im Norden sind ewig lang. Von welcher Seite kommt der Wind?, fragt sich, wer die Dünen erreicht hat, hier im Norden des 12 Kilometer langen Sandstrandes von Sankt Peter-Ording. Nur dieser Abschnitt der Dünenlandschaft steht nicht unter Naturschutz.

Welcher Platz wohl der beste ist? Die Auswahl ist groß. Beim Stapfen durch den Sand und Testen der Plätze findet sich sicher eine geeignete Mulde, die zwar keinen kompletten Windschutz bieten kann, doch einiges an Sandverwehungen abhält. An windstillen Tagen macht natürlich ein Plätzchen on top am meisten Sinn, denn es bietet einen Blick bis zum Leuchtturm von Westerhever.

Nun wird erst mal schön die Decke ausgebreitet. Rundherum türmen sich Berge von Sand, der Wind fegt geräuschvoll durch den Strandhafer. Sogar Löwenzahn blüht ganz oben auf den Dünen, denn die Bergspitzen kommen nur selten mit Salzwasser in Kontakt, vor allem nicht hier, fast zwei Kilometer von der Wasserkante entfernt: Gelbe Farbkleckse im ewigen Sandbeige. Das Meer rauscht in der Ferne – kaum zu hören, wenn es windig ist. In der Luft drehen die Möwen ihre ewigen Runden. Gut, dass sie nicht am Picknick interessiert sind.

Gleich hinter den Dünen breitet sich die Ordinger Wüste aus, so wirkt der Strand breit und fast endlos. Und die frische Meeresluft macht hungrig! Also Schuhe aus, gemütlich

Sogar Löwenzahn blüht auf den Dünen - ganz oben, wo das Salzwasser nicht hinkommt.

hinsetzen und einfach genießen! Wein, Brot, Käse, Salat. Vielleicht Küsse zum Dessert? Ein bisschen philosophieren über den Sommer am Meer. Und wenn es nicht zu kalt wird, bleibt man einfach bis zum Sonnenuntergang dort sitzen.

Hin & Weg: Über die B202 nach Sankt Peter-Ording, Abfahrt Ording, vor dem Deich rechts abbiegen bis zum Parkplatz Hungerhamm.

Beste Zeit: Laue Sommerabende.

Dauer: 2–3 Std. oder auch länger – ganz nach eigenem Gusto.

Ausrüstung: Picknicksachen.

FAZIT: FRISCHE LUFT SCHÄRFT DIE SINNE, ES SCHMECKT DOPPELT SO GUT AM STRAND – UND IST VIEL ROMANTISCHER.

PACK DIE BADEHOSE EIN

… und auf an den Tetenbüllspieker!

#5

Im Mai oder Juni könnte es so weit sein: Anbaden an einem schönen Tag, wenn der Wind sich legt und das Meer glatt ist wie ein Spiegel. Am kleinen Hafen des Tetenbüllspiekers, wo die Boote sachte im Wasser schaukeln und die Schafe ihnen seelenruhig dabei zuschauen.

#Hafenliebe #Grünstrand #Wie1FischimWasser #Schafskino

Das erste Mal nach einem langen Winter in die Nordsee zu hüpfen, das ist das Beste. Manchmal ist der Frühling in Verzug, manchmal gibt der Sommer ein vorzeitiges Gastspiel. Bei etwa 16, 17 Grad und Außentemperaturen von über 20 Grad kann es endlich losgehen. Der magische Moment ist gekommen: Als könnte man den Sommer durch das erste Bad anknipsen.

Im niedlichen Hafen am Tetenbüllspieker schaukeln ein paar Bötchen im Wasser. Der richtige Zeitpunkt hängt von der Flut ab, mit dem Schwimmen klappt es bis zu zwei Stunden vor und noch zwei Stunden nach der Tide. Je nach Zeitpunkt wird man vielleicht der Einzige am grünen Strand sein. Umkleidekabinen gibt es nicht, den Badeanzug trägt man also am besten bereits unter den Klamotten. Langsam wandelt man die Treppe hinab, das Wasser reicht einem jetzt bis zur Hüfte. Sehr frisch ist es! Man taucht die Arme ein. Soll man wirklich? Und dann geht alles ganz schnell. Man tut es einfach, man schwimmt. Und schwimmt. Schwimmt weiter, noch ein Stück. Besser aber

Das Becken am Everschopsiel eignet sich wunderbar zum Schwimmen – am besten bis zu zwei Stunden vor und nach der Tide.

nicht warten, bis diese Art von Nadelstechen auf der Haut einsetzt. Also wieder hinaus, abtrocknen, etwas Trockenes anziehen und zurück ins warme Auto. Wunderbar. Nach dem Baden fühlt man sich frisch und voller Tatendrang. Der Sommer kann kommen!

Wenn in den folgenden Tagen das Wetter noch einen drauf gibt, geht die Party richtig los. Beim zweiten Versuch macht sich das echte Schwimmgefühl breit. Diese Leichtigkeit im Wasser. Man ist nicht mehr Mensch, geht nicht mehr auf zwei Beinen, spürt nicht die Erdanziehungskraft. Man schwebt. Wellengleich. Es ist wie eine Geburt, eine Neugeburt. Jedes Jahr. Der Wind bewegt sanft die Oberfläche. Manchmal leuchtet der Himmel knallblau und Schafe tummeln sich am Strand und schauen zu. Allerdings gehen sie nicht schwimmen: Sie tun ihren Job, kümmern sich um die Grasnarbe auf dem Deich und chillen ein wenig; ganz relaxed, diese sogenannten Deichschweine.

FAZIT: JEDES JAHR WIEDER EIN FEST, DAS ERSTE RICHTIGE SCHWIMMEN IN DER NORDSEE. AM TETENBÜLLSPIEKER IST DER WEG INS WASSER KURZ, DIE INTIMITÄT GROß.

Hin & Weg: Mit dem Rad oder Auto zum Tetenbüllspieker (Everschopersiel) auf der Halbinsel Eiderstedt, Everschoper Straße.

Beste Zeit: Mai–September.

Dauer: 2–3 Std., je nach Lufttemperatur am Strand.

Ausrüstung: Badesachen, Handtuch, eventuell Sonnencreme, etwas zum Trinken.

YOGA UND MEER

… am Tümlauer Hafen auf der Halbinsel Eiderstedt

#6

An der frischen Luft ist alles viel schöner, auch Yoga-Übungen. Aber der Ort muss geeignet sein. Zum Beispiel ein kleiner Hafen in einer Bucht am Wattenmeer.

#YogamitAusblick #Leuchtturm #Wattübungen #NurdieSchafeguckenzu

Asanas an der frischen Luft tun doppelt gut. Oder dreifach, wenn man sogar den richtigen Ort dafür findet. Am Strand? Zu sandig, zu viel Ablenkung. Schön hingegen ist Gras unter den nackten Füßen. Weitsicht. Quasi allein unter Schafen. Dazu Boote, die sachte im Wasser schaukeln. Der wunderbare Westerhever Leuchtturm im Hintergrund, der wie eine Fata Morgana über dem Watt zu schweben scheint, seiner Schwerkraft durch Sinnestäuschung beraubt. Das ist der richtige Ort für Yoga.

An der Spitze des Tümlauer Hafens weht der Wind. Die Bucht ist nicht eingedeicht, hier kann der Blick ins Weite wandern. Das Watt glitzert in der Sonne. Kein Sand peitscht einem ins Gesicht, wenn man mit einem Sonnengruß beginnt. Sogar die Yogamatte ist überflüssig, wenn man versucht, auf einem Bein gerade wie der Leuchtturm zu stehen. Das andere Bein ist angewinkelt, der Fuß liegt im Idealfall an der Innenseite des Oberschenkels vom stehenden Bein. Die Hände berühren sich über dem Kopf, die Arme sind leicht angewinkelt. Das Ganze funktioniert mit Spannung in der Körpermitte. O.k., der Wind könnte am Kippeln schuld sein.

Eine schöne Übung für draußen ist auch der »Krieger«. Arme ausgestreckt, Beine weit gegrätscht. Ein Bein wird nun gebeugt, der Rücken ist gerade, die Spannung für 15 Sekunden halten, dann das Bein wechseln. Yoga-Geübte wissen, wie der »Hund«, der »Delfin« oder die »Kobra« funktionieren. Am Ende noch ein wenig im Schneidersitz meditieren. Und es ist fast zu schade, die Augen dabei zu schließen – bei diesem Ausblick! Übrigens: In Sankt Peter-Ording werden

Open-Air-Yoga? Die Bucht an der Spitze des Türmlauer Hafens bietet nicht nur viel Platz, sondern auch einen weiten Ausblick.

auch Anfängerkurse und Open Levels in Sachen Yoga angeboten: www.sandrawagner-yoga.de oder www.das-kubatzki.de.

FAZIT: DER SOMMER MACHT ES MÖGLICH. WAHNSINNS-WORKOUT MIT FRISCHLUFTZUFUHR IN UMWERFENDER UMGEBUNG.

Hin & Weg: Mit dem Rad oder Auto über die Koogstraße bis zum Tümlauer Hafen im Westen der Halbinsel Eiderstedt fahren.

Beste Zeit: Mai–September bei Sonnenschein. Das Gras muss trocken sein, die Außentemperatur barfußfreundlich.

Dauer: Etwa 1 Std. auf der Wiese plus Anfahrt.

Ausrüstung: Bequeme Stretch-Kleidung.

MORGENS AM MEER

… in Sankt Peter-Ording

#7

Richtig betrieben, gilt Nordic Walking als perfektes Workout. Keine schlechte Idee also, sich mal einer professionellen Trainerin anzuvertrauen – und der herrlichen Natur von Sankt Peter-Ording.

#SportamStrand #Beachbody #NordicWalking #Rückenschule #SPO

Schöne Aussicht im Morgenlicht.

Es wird schnell warm unter der Sportkleidung, während man in dem Grüppchen auf die Seebrücke von Sankt Peter-Ording zusteuert. »Nehmt die Stöcke jetzt quer«, rät die Nordic-Walking-Trainerin. Für eine Koordinationsübung mit Partner Arm und Bein entgegengesetzt bewegen – ist das rechte Bein vorn, schwingt der linke Arm vor und umgekehrt – und: »Wer hinten geht, schiebt. So kriegt ihr den Rhythmus hin«, meint die Sportlehrerin.

Die über 100 Jahre alten Pfahlbauten am Strand sind das Wahrzeichen von Sankt Peter-Ording.

Rechts und links von der Brücke tummeln sich Wattvögel auf den Salzwiesen. In einem Priel, der durch das Grün mäandert, hat sich ein Rotschenkel niedergelassen und nimmt ein ausgiebiges Morgenbad. Hinter der Brücke geht es ans Walken im hellen Sand, der sich kilometerweit ausstreckt – bei Ebbe ins schier Unendliche.

Der frühe Morgen ist die beste Zeit für einen Wattspaziergang, für Nordic Walking oder Jogging über den »größten Sandkasten der Republik«. Der Großteil des wüstenähnlichen Geländes von Sankt Peter-Ording bietet festen Sand – und der ist eben ideal zum Walken. Nach den Aufwärmübungen am Strand werden die Stöcke angeschnallt und alle ziehen los, nordwärts, immer parallel zur See auf der einen und den Dünen auf der anderen Seite. Wie im Flug vergeht die Zeit, fast haben die Walker die Pfahlbauten des nördlichen Stadtteils Ording erreicht und biegen in Richtung Dünen ab. An der breitesten Stelle geht man durch sie hindurch, der Rest steht unter Naturschutz. Doch ein Highlight wartet noch zum Abschluss: der Kiefernwald von Sankt

---

Hin & Weg: In Sankt Peter-Ording den Ortsteil Bad ansteuern, das Auto auf einem der Parkplätze lassen und bei der Seebrücke beginnen.

Beste Zeit: Zu jeder Jahreszeit möglich, außer bei vereisten Flächen oder nach starken Regenfällen. Mehr über das Beachmotel auf www.beachmotel-spo.de. Kurse werden z.B. hier angeboten: www.tsv-spo.wixsite.com/stpeterording/nordic-walken

Dauer & Strecke: 1½–2 Std. und 7 km zu Fuß.

Ausrüstung: Bequeme Kleidung, Sportschuhe, Walking-Stöcke, etwas zum Trinken.

Peter-Ording, die Stelle, an der sich der Duft des Meeres mit würzigen und erdigen Geruchsnoten mischt. Hier wird die Tour mit ein paar Dehnübungen abgeschlossen. Nicht ohne zuvor auf den Aussichtspunkt von Maleens Knoll gestiegen zu sein, ein Holzbau auf einer 16 Meter hohen Düne, für den besten Blick über das Wichtigste von Sankt Peter-Ording: das weite Land, das in der Sonne funkelnde Meer. Und zur Stärkung gibt es nach dem Frühsport ein zünftiges Frühstück, zum Beispiel im Ordinger Beach Motel.

FAZIT: GENIALE, ABWECHSLUNGSREICHE WALKING-STRECKE OHNE GROBE HÖHENUNTERSCHIEDE. PERFEKT FÜR ANFÄNGER WIE FÜR FORTGESCHRITTENE.

GLÜCKLICH IN DEN BEEREN

... auf dem Himbeerhof in Vollerwiek

#8

Der Geschmack von Sommer ist der Geschmack von Himbeeren. Und am schönsten ist es, sie selber zu ernten. Das geht in Vollerwiek.

#Summerfeeling #kinderfreundlich #Himbeeren #Windbeutel #lecker

Wer glaubt, im Nordseeklima könnten Himbeeren nicht gedeihen, der wird auf dem Himbeerhof in Vollerwiek eines Besseren belehrt. Und wie sie gedeihen! Wie groß sie werden! Wie aromatisch sie sind! Man läuft durch schier endlose Gänge, flankiert von Himbeerpflanzen, die sich bis zu zwei Meter in die Höhe ranken. Anfang Juli sind schon einige Beeren reif, es kommt ganz auf das Wetter an. Nun heißt es, die besten Himbeeren ausgucken und ohne Stengel abrupfen. Aber Vorsicht: Manche sind an der Sonnenseite herrlich himbeerrot, sehen an der Rückseite jedoch noch recht hell aus. Ganz oben scheinen die besten zu wachsen – oder sind die meisten Pflücker nur zu klein, um bis dorthin

zu kommen? Egal: Auf jeder Höhe gibt es leckere Beeren, für laufende Kinder aller Altersklassen und Ausgewachsene. Und sämtliche Zweifel fallen vermutlich in die Kategorie »Psychologie des Pflückens«.

Ganze Familien sind glücklich in den Himbeeren, wahlweise auch Johannisbeeren oder Stachelbeeren. Nur die Brombeeren sind noch nicht so weit. Hier, zwischen den Sträuchern, bleibt die Zeit stehen. Es summt und brummt. Glucksende Geräusche wabern aus dem zugehörigen Glücks-Café zu den fleißigen Erntehelfern. Dort gibt es nämlich selbst gebackenen Himbeerkuchen. Mit der geernteten Menge geht es dann an die Kasse. Vorher schon mal naschen? Streng verboten! Manche tragen gleich mehrere Schalen heran. Reichlich für Himbeeren mit Eis, Himbeeren pur und Windbeutelchen mit Himbeersahne! So vollmundig schmeckt nur der Sommer. So himbeerrot.

FAZIT: RAUM UND ZEIT IN DEN HIMBEEREN VERGESSEN. DEN SOMMER MIT ALLEN SINNEN GENIEẞEN.

Hin & Weg: Über die B5 bis Tönning, dann die B202 in Richtung Sankt Peter-Ording bis Garding, dort links nach Welt und weiter geradeaus nach Vollerwiek, Langer Weg 4.

Beste Zeit: Juli, August. Öffnungszeiten unter www.himbeeren-nordsee.de

Dauer: 3-4 Std. inkl. Zubereitung des Gebäcks.

Ausrüstung: Schale für den Transport. Zutaten wie beschrieben.

Als Kuchenbelag, zum Eis oder doch lieber als Füllung für Windbeutel? Was genau aus den selbst geernteten Himbeeren gemacht wird, ist letztendlich Geschmacksfrage.

Rezept für Windbeutel (4 Personen)

Brandteig: 125 ml Milch, 125 ml Wasser, 50 g Butter sowie 1 Prise Salz im Topf aufkochen; die Butter muss schmelzen.

200 g Weizenmehl hinzufügen und die Masse gut verrühren.

Den Teigklumpen in eine Schüssel geben, 3–4 Eier (je nach Größe) hinzufügen, abkühlen lassen, in eine Spritztüte füllen und als 5–6 cm große Tuffs auf zwei mit Backpapier belegte Bleche spritzen.

Im vorgeheizten Backofen bei 200 Grad nacheinander ca. 25 Min. backen. Aufschneiden. Auskühlen lassen.

Füllung: 300 ml Sahne mit 3–4 Kaffeelöffeln Zucker (je nach Gusto auch mehr) und 1 Msp. Bourbon-Vanille steif schlagen.

Etwa 200 g Himbeeren klein bröseln und unterrühren. Mit der Spritztüte auf die ausgekühlten unteren Hälften der Windbeutelchen türmen. Zuklappen, reinbeißen!

→ ABSTECHER …

IN DEN ABEND RADELN

… nach Schlüttsiel und Bongsiel

#9

Der Hauke-Haien-Koog ist heute Vogelschutzgebiet. Also liegt die Wahrscheinlichkeit, hier Wildgänse zu treffen, bei 100 Prozent! Auf einer Radtour in den Abend, startend im Hafen von Schlüttsiel, geht es Richtung Bongsiel, das geradezu holländisch anmutet. Sattes grünes Land, durchzogen von Kanälen. Die Ruhe und das Licht am Abend – unbezahlbar!

#Hafenflair #Koogstoriestogo #Naturschutz #Wildgänsemeeting

Die Tour startet in Schlüttsiel, dem kleinen Hafen im mittleren Nordfriesland. Ein paar Kutter und ein Ausflugsschiff zu den Halligen liegen hier abends gut vertäut am Kai. Zwischen Schafen läuft man über den Deich zur Straße und steigt aufs Rad. Richtung Norden geht es über die L191 am Speicherbecken des Koogs entlang. Solange man nicht in einer der Buchten anhält, verhalten sich die Graugänse ruhig – man stört sie ja auch nicht. Vereinzelte Austernfischer und Seeschwalben mischen sich immer wieder unters Volk oder ziehen durch die Lüfte.

Bald heißt es rechts in die Straße Hauke-Haien-Koog einbiegen und ihrem geschwungenen Verlauf bis Tudenswarft folgen. Links runter heißt die Strecke jetzt Hauke-Haien-Koog-Süd und führt idyllisch am alten Bongsieler Kanal entlang. Wie Klein-Holland mutet die Gegend hier an: Wasser, Deiche und sattes Grün. Der Bongsieler Priel glitzert im Abendlicht. Pause. Picknick? Nächstes Mal.

Am Ende des Kanals fährt man rechts auf der Dorfstraße weiter, erreicht Ockholm über Nordwarft.

Überall hübsche Gehöfte auf Hügeln, manch ein Bewohner steht draußen und schaut neugierig herüber. Dass Ockholm mal eine Hallig war, ist noch an jenen Warften zu erkennen. Mit der Eindeichung entstand neues Land, wie der Hauke-Haien-Koog. Auch die Ockholmer Kirche liegt auf einer eigenen Warft.

Rechts hinunter steuert man schließlich über die Bäderstraße/L191 wieder zurück nach

Hübsch anzuschauen: Detail der Ockholmer Kirche. Unterwegs trifft man ab und zu Schafe und Kühe als stille Beobachter entlang der Radwege.

Schlüttsiel – es geht immer am Speicherbecken und an Herden von Gänsen vorbei. Im Hafen ist kaum jemand mehr. Zeit für ein Chill-out unter Schafen am Deich, die Halligen am Horizont.

FAZIT: BONGSIEL UND DER KANAL – EINE SCHÖNHEIT IM ABENDLICHT! GEHEIMTIPP!

Hin & Weg: Mit dem Auto von der B5 in Richtung Hafen Schlüttsiel.

Beste Zeit: April–Oktober.

Dauer & Strecke: 2–3 Std.; knapp 17 km mit dem Rad.

Ausrüstung: Rad, Wasser, Sonnenbrille. Eventuell Picknicksachen.

IM WASSER WANDERN

... in Hörnum auf Sylt

#10

Longe-Côte wurde – der Name legt es nahe – in Frankreich erfunden. Dort läuft man gerne in Grüppchen entlang der Küste, und zwar im Wasser. Auch auf Sylt können die Paddel geschwungen werden!

#Wasserwandern #Wellenmachen #Fitness #Ganzkörpertraining

→ Abstecher …

Mit Paddel, aber ohne Boot – das ist Longe-Côte.

Durch brusthohes Wasser laufen und dabei paddeln, ergibt das etwa Sinn? Ja, sagen alle, die Longe-Côte schon einmal probiert haben. Wasserwandern, ein schönes Workout für den ganzen Körper, ein Ausdauertraining, das in Nordfrankreich erfunden wurde – es geht stramm vorwärts, im Meer, das einem bis zur Brust steht, mit einem Spezialpaddel. In Hörnum auf Sylt gibt es die Möglichkeit, Longe-Côte einmal auszuprobieren. Rettungsschwimmerin und Surferin Claudia zieht dazu ihren Neoprenanzug über und trägt Spezial-

An windstillen Tagen mit niedrigem Wellengang eignet sich der Wasserwanderweg am Hörnumer Strand perfekt für das französische Workout.

paddel für alle Teilnehmer heran. Da man sich mindestens eine Stunde im frischen Nordseewasser aufhalten wird, empfiehlt sie, einen Neoprenanzug anzuziehen (je nach Wassertemperatur und Aufenthaltsdauer kann der eine wahre Wohltat sein). Wer keinen eigenen besitzt, kann ihn von Claudia ausleihen, wie übrigens auch das Paddel.

Am Strand von Hörnum geht es erst einmal mit Aufwärmübungen los. Einmal den ganzen Körper durchbewegen und das korrekte Halten und Nutzen des Paddels mit der langen Kante üben. Aber vor allem: die Koordination! Die Bewegung der Arme und Beine muss im Wasser fließend sein. Alle sind konzentriert, die Trockenübungen am Strand laufen noch wie geschmiert. Aber als die Teilnehmer anfangen, mit weiten Schritten durch die Nordsee zu schreiten und sich gegen den Wasserwiderstand zu bewegen, sind sie verwirrt. Jetzt fragt sich der Ungeübte: »Habe ich gerade wirklich das linke Bein vorwärts bewegt,

---

Hin & Weg: Mit dem Bus oder Rad bis Haltestelle Hörnum-Nord, dann in die Straße Gurtdeel hinein und zum Strand gehen. Treffpunkt: das blaue Häuschen der Strandaufsicht (mehr Infos unter www.supsurfsylt.de).

Beste Zeit: Sommermonate.

Dauer: 1–1½ Std.

Ausrüstung: Badesachen, Handtuch. Neoprenanzug und Paddel können ausgeliehen werden.

Selbst die Aufwärmübungen machen hier Spaß.

während ich rechts gepaddelt habe?«, statt es automatisch zu tun.

Im Wasser braucht jeder seine Zeit, um den ersten Flow zu spüren. Wer gleichzeitig daran denken muss, die Füße richtig abzurollen, den Oberkörper leicht nach vorne zu beugen sowie Arme und Beine zu koordinieren und die Bewegung aus der Körpermitte kommen zu lassen, ist erwartungsgemäß überfordert. Doch wenn Claudia sagt: »Wir legen das Paddel über die Schulter und gehen so durchs Wasser weiter«, dann spürt jeder, wie sehr das Paddeln doch geholfen hat. Wie flott man damit vorwärts kommt! Gegen die enormen Kräfte des Wassers!

»Longer la côte«, also die Küste entlang im Wasser zu wandern, geht nicht bei jedem Wetter und nicht an jeder Stelle. Die Wellen dürfen nicht zu hoch und die Strömung nicht zu stark sein. Auch Wasserwanderwege werden zertifiziert, dafür kommt der französische Erfinder des Sports eigens an den entsprechenden Ort und überprüft die Strecke. So ist es auch bei Hörnum auf Sylt geschehen. Trotzdem schlagen die Wellen der Westküste oft zu hoch. Man muss einen ruhigen Tag erwischen.

Am Ende dieser ersten Übung wirkt das Meer vor Hörnum wie eine Badewanne, am Ende ist der Rhythmus perfekt – und man hat direkt Lust auf eine weitere Runde. Morgen vielleicht, falls das Wetter genauso fantastisch ist. Aber erst mal abwarten, ob sich Muskelkater einstellt!

FAZIT: GENIALES WORKOUT FÜR SÄMTLICHE MUSKELN. ES IST GELENKSCHONEND UND BIETET DAHER FITNESS FÜR ALLE – NOCH DAZU MIT HOHEM SPAẞFAKTOR!

BRAUNKEHLCHEN UND BEKASSINEN

… im Naturschutzgebiet Wildes Moor bei Schwabstedt

#11

Das Moor, eine Wiesenlandschaft mit schwarzen Flecken. Mit in der Sonne glitzernden Punkten, wo das Wasser steht. Schmale Bohlenwege führen durch die fremdartige Landschaft hier im Wilden Moor in Hollbüllhuus.

#Moorgeheimnisse #WeichwieTorf #WodasBraunkehlchensingt #Naturschutz

Ein Lehrpfad führt über schmale Bohlenwege quer übers Moor.

Es klingt ein bisschen wie Bullerbü, doch Hollbüllhuus gibt es wirklich. Die kleine Ortschaft gehört zu Schwabstedt, und man vermutet, dass schon zu Zeiten der Wikinger eine Siedlung in der Gegend existierte. Doch wesentlich älter ist die Natur hier bei Hollbüllhuus: Das Moor hat Geschichte, eine uralte noch dazu. Sie führt zurück in die Eiszeit.

Von Schwabstedt nach Hollbüllhuus kommend führt ein Schild links ins Moorgebiet. Erst geht es ein Stück über einen Feldweg, dann beginnt auf der linken Seite der Moorlehrpfad, der Eingang ist ausgewiesen. Hier zu wandern ist wie in eine andere Welt einzutreten. Zwar sehen die Butterblümchen gleich aus, und auch der Kuckuck ruft wie gewohnt. Auch fühlt sich das Gras unter den Sohlen gleich an, doch rundherum gibt es keine Festigkeit, keine Sicherheit. Auf einem Stück des Lehrpfads federt der Torfboden unter jedem Schritt.

Heute wird hier kein Torf mehr abgebaut, aber im kleinen Handtorfstich kann man sich ein

Moorlilien bringen die Landschaft zum Leuchten.

Bild machen, wie mühevoll der Brennstoff einst gewonnen wurde. Ein schlammiges Loch in der Mitte, daneben sind Torfstücke in Reih und Glied aufgebaut. Über einen schmalen Bohlenweg, der zusätzlich mit einem Hühnerzaun gesichert ist, läuft man weiter den Pfad entlang. Begegnet Moorlilien, Wollgräsern und sogar Bläulingen, diesen zarten Schmetterlingswesen. Überall brummt und summt es, als hätten sich sämtliche Insekten zur Konferenz im Moor versammelt. Doch keine Spur weit und breit von jenem seltenen Moorfrosch, nur Schilder weisen darauf hin, dass es ihn hier gibt. Auch scheinen sich selten Besucher hierher zu verirren.

Man verlässt schließlich den Lehrpfad und läuft auf einem breiten Grasweg weiter. Wieder fällt dieser Gegensatz zwischen der Normalität auf der Wiese und den schwarzen Stellen dazwischen auf, die vom Moor sprechen. Als würde der Landschaft ein dunkles Geheimnis anhaften. Vielleicht wirkt es aber auch nur so, weil der Mensch hier nur auf ausgewiesenen Wegen laufen kann. Weil er im Moor hilflos wird. Eine kleine Schilfhütte ragt in die Höhe. Über eine einfache Leiter gelangt man zum Aussichts- und Beobachtungspunkt. Auf den sumpfigen Wiesen sind mit etwas Glück Braunkehlchen auszumachen. Oder

---

Hin & Weg: Parken in Hollbüllhuus (ca. 3 km von Schwabstedt entfernt)

Beste Zeit: Frühling, Sommer, Herbst.

Dauer & Strecke: 2–3 Std; ca. 6 km (oder 10 km als Rundgang).

Ausrüstung: Feste Schuhe, eventuell Gummistiefel (je nach Wetterlage).

Bekassinen – erkennbar am langen Schnabel. Sogar Kreuzottern soll es hier im Naturschutzgebiet geben; woanders haben sie keine Chance. Zurück geht es auf dem gleichen Weg oder Richtung Deich und an der Treene entlang wieder nach Hollbüllhuus.

FAZIT: WER GENAU HINSIEHT, ERLEBT EINE SELTSAME EIGENE WELT IM MOOR. NUR MIT EIN BISSCHEN GEDULD KANN MAN EINEN BLICK HINTER DIE FASSADE WERFEN.

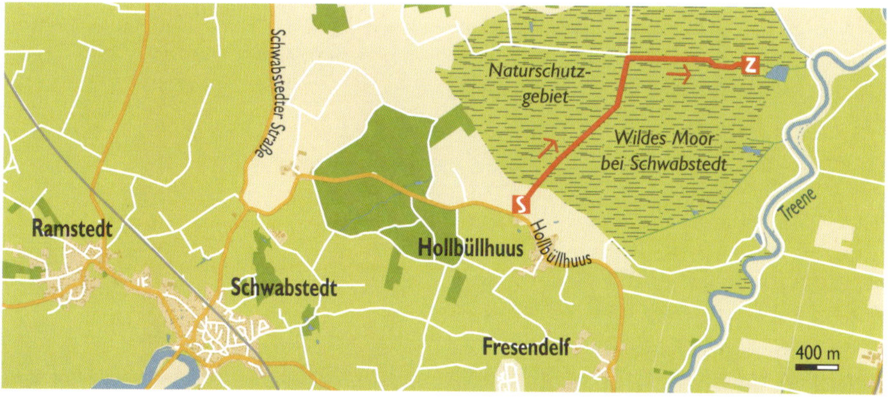

EIN BISSCHEN MEER FUTTERN?

… vom Tetenbüllspieker

#12

Im Watt gibt es neben Muscheln auch Pflanzen, die genießbar sind. Queller, auch als Meeresspargel bekannt, wurde zunächst als Salzersatz in Speisen genutzt. Heute begegnet er einem gerne auch mal in der Sylter Haute Cuisine. Aber nicht nur.

#Queller #Superfood #Meergeschmack #Watt #lecker

Queller-Pflanzen: Der sogenannte Meeresspargel erinnert an kleine Kakteen im Watt.

Im Close-up, also wenn man schön nah herangeht, wirken Queller-Pflanzen wie Mini-Kakteen – vor allem, wenn sie direkt auf dem Sandwatt sprießen. Der sogenannte Meeresspargel wächst in der Pionierzone des Watts, also genau dort, wo Ebbe und Flut regieren. Er braucht diese tägliche Überflutung wie wir das Salz in der Suppe.

Sylter Spitzenköche verwenden Queller gerne: im Salat, als Gemüsebeilage, zum Würzen. Egal ob roh, blanchiert oder in Butter geschwenkt – knackig muss das sogenannte Friesenkraut sein. Sein Geschmack? Vor allem salzig, das Meer im Mund. Doch auch frisch schmeckt er, wie Salat. Es heißt, Queller wirke gegen Bluthochdruck, er sei antioxidativ, entwässere und helfe bei Jodmangel. Wer an einer Schilddrüsenüberfunktion leidet, sollte aber lieber vorsichtig sein und darauf verzichten.

Bei Ebbe geht es also ab ins Watt, um ein bisschen zu ernten. Immer hübsch die Augen offen halten. Ein gutes Revier ist rund um den Tetenbüllspieker auf der Halbinsel Eiderstedt. Aber auch im Watt vor Uelvesbüll oder auf die Sylter Wattseite wird man fündig. Einfach die Gummistiefel überstreifen – oder noch besser: barfuß ins Watt. Mitte, Ende Juli und Anfang August sind meist gute Erntezeiten. Manche geführte Wattwanderung bietet auch die Möglichkeit, Queller zu probieren. Man findet ihn auf freien Wattflächen und zwischen Schlickgras. Die einjährige Pflanze am besten mitsamt Wurzel aus dem Watt ziehen und in eine Schale legen. An einem nicht zu warmen, schattigen Ort hält sie sich dann noch ein paar Stündchen bis zur Verarbeitung.

FAZIT: ÜBER DEN MEERESBODEN ZU LAUFEN UND QUELLER ZU PFLÜCKEN FÜHLT SICH EIN BISSCHEN SO AN, WIE ERDBEEREN ODER TOMATEN IM EIGENEN GARTEN ZU ERNTEN – NUR NOCH SCHÖNER.

Hin & Weg: Mit dem Rad oder Auto über die Everschoper Straße zum Tetenbüllspieker (Badestelle am Hafen Everschopsiel in Tetenbüll).

Beste Zeit: Juli, August.

Dauer: 2–3 Std. inkl. Kochen.

Ausrüstung: Schale, evtl. Gummistiefel.

Das salzige Friesenkraut hat sogar Eingang in die Sylter Spitzenküche gefunden und schmeckt gut zu Fisch, Suppen und Salaten.

Dinner mit Küstengeschmack

Den oberen grünen Teil der knackigen Stängel abschneiden und zwar erst kurz vor der Zubereitung. Den Queller waschen und vorsichtig mit einem Papiertuch etwas abtupfen und trocknen lassen.
Drillinge kochen und in Butter mit frischem Rosmarin kurz anbraten.
Bio-Lachs oder eine andere Fischsorte waschen, abtupfen, würzen und braten. Den Queller kurz in Butter schwenken, damit er knackig bleibt, und auf dem Fisch anrichten.
Einen Salat dazu reichen et voilà – fertig ist das Dinner mit Küstengeschmack.
Der Meeresspargel ist vielfältig einsetzbar, etwa um einen Salat oder eine Suppe zu verfeinern.

BEI DEN KONIKS

… im Speicherkoog in der Meldorfer Bucht

#13

Grau sind sie, hübsch sind sie, wild sind sie: die Koniks. Zu Fuß, per Rad – oder warum nicht mal wieder auf Inlineskates? – geht es zu den Wildpferden im Naturschutzgebiet Wöhrdener Loch.

#Naturschutzgebiet #Wildpferde #Koniks #Vogelkiek #AmbestenmitFernglas

Koniks sind absolute Herdentiere.

Am schönsten ist es unter der Woche, wenn die schmalen Straßen des Speicherkoogs nicht von den Wochenendausflüglern befahren werden. Vielleicht am Abend zum Sonnenuntergang oder am Morgen zur goldenen Stunde. Wo die Wildpferde sich genau aufhalten werden, kann niemand vorhersagen. Doch das Wöhrdener Loch steht als Naturschutzgebiet auch bei Vögeln hoch im Kurs. Da ist immer etwas los.

Egal ob mit dem Rad oder zu Fuß, am Speicherkoog versammeln sich die Naturliebhaber. Einige schnallen sich auch gerne die Inlineskates an und starten auf dem schmalen Weg, der innen am Deich entlang verläuft. Die Wege am Koog eignen sich gut zum Radfahren oder Skaten, das Land ist flach. Schafe, so weit das Auge reicht. Blesshühner, Haubentaucher, Blaukehlchen – auch Ornithologen kommen auf ihre Kosten.

Vom Parkplatz an der Badestelle Nordermeldorf ist es nicht weit bis zum Naturschutzgebiet Wöhrdener Loch. Vor dem Deich stehend einfach rechts entlang fahren oder laufen. An der Gabelung zieht man nach rechts weiter, in den Dritten Querweg, doch die Koniks auf Anhieb zu finden ist letztendlich reine Glückssache.

Irgendwo hier müssen sie sein, die Wildpferde. Das Wöhrdener Loch umfasst allerdings 495 Hektar, daher ist es gut möglich, dass erst einmal weit und breit keine Koniks zu sehen sind. Oder dass man besser doch geradeaus weiter gedüst wäre – parallel zum Deich. Einfach mal ausprobieren und suchen!

Es lohnt sich, denn bei den Koniks handelt es sich um wunderschöne wilde Ponys mit braun-grauen Mähnen. Seit 2004 haben sie sich fleißig vermehrt, aus ursprünglich zehn niederländischen »Einwanderern« sind mittlerweile über 80 Tiere geworden, die sich um die Landschaftspflege am Wöhrdener Loch kümmern. Manchmal sieht man sie auch beim Baden im See. Auch Galloway-Rinder sind hier und dort zu beobachten, mit ihrem urigen Aussehen passen sie in die freie Natur.

Sowohl das Wöhrdener Loch als auch das weiter südliche Kronenloch beherbergen zudem Vögel wie Austernfischer mit ihrem charakteristischen roten Schnabel, Löffelenten baden neben Nonnengänsen, gut erkennbar an den weißen Köpfen. Möwen, Knutts, Wasserläufer sind auszumachen. Vom Rand der Abzäunung lassen sie sich gut mit dem Fernglas beobachten. Irgendwann kehrt man zum Ausgangspunkt zurück, steigt vom Sattel oder schnallt sich die Inlineskates ab und wirft noch einen Blick über den Deich: Vielleicht ist das Meer ja gerade da.

Wer jetzt hungrig ist, könnte ein Fischbrötchen am Hafen erstehen oder sich für Kaffee und Kuchen im Strandkorb beim Kiosk schräg gegenüber niederlassen und den Windsurfern im Speicherbecken zuschauen.

Über die Wege am Koog gelangt man mit Inlineskates, Fahrrad oder zu Fuß zu den mittlerweile über 80 Wildpferden. Fernglas nicht vergessen!

Hin & Weg: Von der B5 oder der A23 auf die B203 in Richtung Büsum fahren, nach Warwerort abbiegen. Der Speicherkoog ist ausgeschildert. Das Auto auf dem Parkplatz der Badestelle Nordermeldorf abstellen.

Beste Zeit: April–Oktober.

Dauer & Strecke: 2–3 Std.; knapp 8 km.

Ausrüstung: Nach Belieben Fahrrad oder Inlineskates inklusive Schutzausrüstung. Im Sommer eventuell Badesachen für einen erfrischenden Dip im Anschluss. Eventuell ein Fernglas!

FAZIT: FLOTTE BEWEGUNG IN TIERISCH GUTER NACHBARSCHAFT IST AM SPEICHERKOOG GARANTIERT. DAHER BLOß NICHT ZU FRÜH DIE HOFFNUNG AUFGEBEN, AUCH KONIKS ZU SEHEN!

BÖHLER BADE-TRENDS

… in Sankt Peter-Ording

#14

Im flachen Wasser nimmt sich Schwimmen bisweilen schwierig aus. Aber kein Problem, wenn es noch mindestens drei Alternativen zum ganz normalen Badevergnügen gibt: vor allem in Böhl!

#CooleStrandtrends #Flachwasser #Workout #Planschen

Am Böhler Strand sind die Wege mitunter recht lang, etwa der zwischen Strandkorbzone und Wasserkante. Idealerweise zieht man gut eingecremt los, barfuß und im Badedress. Priele säumen den Weg, Wasserläufe im Watt, die bei Flut zuerst volllaufen. An harmlosen Sommertagen wirken sie wie natürliche Planschbecken, von der Sonne auf Karibikniveau angewärmt.

So beginnt der Badetag mit Trend Nr. 1, »Priel-Chilling«: Aal' dich wie eine Meerjungfer!

Das Wasser des Priels ist nicht mal zehn Zentimeter hoch, die Strömung sanft. Nun die Arme und Beine ausbreiten, einfach in den Himmel gucken. Blau, blau, blau. Der Effekt: Die rückseitige Körperhälfte ist nass, der Rest trocken. Nur Schwimmen ist schöner. Einmal noch der Krabbe zuzwinkern und weiter geht's an die richtige Wasserkante.

Jetzt einfach mal das Tempo erhöhen und flink durchs Wasser laufen. Trend Nr. 2 nennt sich daher »Seawater-Spritzing«. Verbessere deine Technik beim eleganten Joggen durchs Meer! Schaufeln, was das Zeug hält. Sich wie ein Kind fühlen. Lachen. Wie befreiend das wirkt!

Auch nach vielen Metern bleibt das Wasser hier flach, es reicht einem nicht mal bis zum Knie. Nun greift Trend Nr. 3: »Flundering«. Also hineinlegen in die Badewanne und mit den Händen über den Sand krabbeln; sich einem Plattfisch ähnlich über den Meeresboden bewegen – optimal in Böhler Gewässern. Zur Unterstützung ist das Paddeln mit den hinteren Gliedmaßen erlaubt. Die Wasserschluckgefahr minimiert sich bei ruhiger See.

Möglich sind auch Kombinationen aus den Trends 2 und 3. Die Ruhephase kann dann erneut mit Trend 1 eingeleitet werden. Am Ende ist man erschöpft und aufgeweicht, muss aber noch diverse Kilometer bis zum rettenden Handtuch zu Fuß zurücklegen. Suchend gleitet der Blick über Muscheln und Menschen. Da! Lässt man sich dann auf das Handtuch fallen, ist man fast schon wieder trocken – wegen der leichten Brise während der Wanderzeiten.

Böhler Badetrends machen Appetit! Zum Glück ist ein Restaurant auf einem Pfahlbau ganz in der Nähe: die Seekiste (www.dieseekiste.de). Mit wundervollem Blick auf Watt und Meer.

Die Entfernungen am Böhler Strand haben es in sich – aber wie heißt es doch so schön: Der Weg ist das Ziel.

FAZIT: SICH EINMAL WIE BEI BAYWATCH FÜHLEN? ODER WIE EINE SCHOLLE IN DER NORDSEE? GESCHAFFT!

Hin & Weg: Mit dem Rad oder Auto bis Zum Böhler Strand fahren (St. Peter-Ording, Ortsteil Böhl).

Beste Zeit: Juni–August.

Dauer: 2–3 Std.

Ausrüstung: Badesachen, Handtuch, Sonnencreme.

→ ABSTECHER …

NORD-FRIESLAND VON OBEN

… vom Stollberg aus

#15

Flach ist der Norden – meistens. Hinter Bredstedt erhebt sich der Stollberg als Teil des Geestrückens immerhin 43 Meter in die Höhe. Zu seinen Füßen das Marschland, in der Ferne die Insel- und Halligwelt.

#Stollberg #Schwindel #Nordfriesland #DasLebenderKühe #kinderfreundlich

Manchmal möchte man etwas Neues entdecken, doch das eigentliche Spektakel passiert am Rande und eher zufällig – im sogenannten Naturerlebnisraum rund um den Stollberg zum Beispiel. Gerade will man sich das mittlere Nordfriesland von oben ansehen, da fällt der Blick auf eine Kuh und ihr frisch zur Welt gekommenes Kalb. Noch ganz nass vom Fruchtwasser steht das Kälbchen auf staksigen Beinen und saugt hungrig an der Milchtankstelle ... eine gefühlte Ewigkeit lang. Später dann liegen Mutter und Kalb erschöpft im Gras. Was für ein Glück, dieses Wunder einmal mitzuerleben!

Nun auf den Funkturm! Eine Treppe führt zu einer etwa 25 Meter hoch gelegenen Aussichtsplattform, von der aus man am Horizont das Meer sehen kann. Alle Entfernungen zu den Inseln und Halligen sind verzeichnet, doch ohne Fernglas ist wenig davon zu identifizieren. Noch schwerer fällt es, sich vorzustellen, dass vor 500 Jahren die Nordsee einmal bis zum Stollberg reichte.

Das inszenierte eisenzeitliche Dorf am Fuße des Turms ist nicht nur für Kinder spannend. Anhand der Figur des Jungen Brami wird das Leben in der weitgehenden Isolation eines kleinen Dorfes um das Jahr 400 geschildert. Fast fühlt man sich aus dem Hier und Jetzt hinausgebeamt – ein Zeitgefühl, das jedoch mit einer Wanderung in Richtung Bordelum gleich wieder verfällt. Vorbei an der Bordelumer Kirche gelangt man zu einem schönen Eichenwald mit Besinnungspfad ganz in der Nähe der ehemals heiligen Quelle. Für die Kids gibt es ein Stück weiter auf dem Büttjebüller Kirchenweg einen Naturspielplatz sowie ein Häuschen mit Froschperspektive am Teich.

Aussichtsplattform, eisenzeitliches Dorf und glückliche Kühe – der Naturerlebnisraum rund um den Stollberg gilt als Geheimtipp.

Über Sterdebüller Drift und Ole Landstraat geht's zurück Richtung Ausgangspunkt.

Kurz vor dem Ende klärt noch ein Findlingspfad darüber auf, was es mit den größeren Steinbrocken so auf sich hat. Doch das wahre Leben, das ist jenes Mutter-Kind-Glück auf der Weide gleich neben dem Turm. Hungrig wie ein frisches Kalb? Das Café Frida am Markt in Bredstedt lädt in seine Kachelstube ein.

FAZIT: WILDE KOMBI AUS WEITBLICK, EINBLICK IN DIE EISENZEIT UND – MIT ETWAS GLÜCK – KUH-ERLEBNISSEN.

Hin & Weg: Mit dem Rad, Bus oder Auto zum Stollberg, an der B5 nördlich von Bredstedt.

Beste Zeit: Ganzjährig an windstillen Tagen. Mehr über das Eisenzeit-Dorf unter www.amnf.de (Naturerlebnisraum), Café Fida unter www.hotelcafefrida.de

Dauer & Strecke: 2–3 Std. und 4,5 km zu Fuß.

Ausrüstung: Rucksack, Wasser, eventuell Picknicksachen.

DEM WATT-WURM AUF DER SPUR

… in Sankt Peter-Böhl

#16

Im Sommer kann man die Gummistiefel getrost zu Hause lassen. Barfuß wirkt der Spaziergang über den Meeresboden noch intensiver. Egal ob allein oder bei einer geführten Tour.

#Wattwunder #Barfußistamschönsten #ZuHausebeimWattwurm #Schlicksause

Herzmuscheln findet man im Watt zuhauf.

Die Nordsee kommt und geht, und sie tut es jeden Tag zu unterschiedlichen Zeiten. Im Fachjargon heißt es: Der Flutberg verschiebt sich tagtäglich um 50 Minuten. Wer sich auf Wattwanderung begibt, sollte die Zeiten genau kennen, und am besten bei ablaufendem Wasser losziehen. Auf der sicheren Seite, vor allem bei längeren Wanderungen, ist man bei einer Wattführung, wie sie die Schutzstation in Sankt Peter-Ording anbietet. Als Teilnehmer geht man schlauer nach Hause, als man gekommen ist. So viel steht fest. Man erfährt zum Beispiel, dass Priele als »Flüsse des Meeres« bei Flut als erste volllaufen, lernt so manches neue Getier kennen und erfährt spannende Details aus dem Leben im Watt.

Das läuft ungefähr so ab: Die Gruppe zieht gemeinsam von der Strandhütte am Südstrand los, stapft durch den Schlickboden des Mischwatts, der unter den Füßen quatscht. Bis zu den Knöcheln sinken alle ein. Die Wattfüh-

rerin fischt eine Herzmuschel aus dem Schlick und erzählt von den Fressfeinden der Muschel und ihren Gewohnheiten: »Die Möwe tritt einen kleinen Wasserkanal zwischen ihren Füßen frei, darin schwimmen ein paar Muscheln«, erklärt die Expertin. »Das ist wie eine Bouillabaisse!« Nach und nach erfäht man mehr über das pulsierende Leben im Watt. Über die winzigen surfenden Wattschnecken, wie die Herz- und Miesmuscheln die Nordsee durchfiltern, wie die Priele als Ab- und Bewässerungssystem fungieren, und über das hohe Alter der Sandklaffmuscheln, die meist mit dem spitzen Ende nach oben in den Prielen stecken – mit nackten Füßen ist also Vorsicht geboten!

Die Kinder dürfen mit kleinen Sieben fischen, was im Priel kreucht und fleucht: Garnelen, Krabben, Flohkrebse, Seeringelwürmer, das Ei eines Rochens. Doch am Ende dürfen alle Tierchen wieder zurück in den Priel. Die Wattwürmer stehen auf dem Plan, die zu Hunderten ihre kleinen Sandkothaufen auf der Oberfläche hinterlassen haben. Jetzt kommt die Harke zum Einsatz, denn die Wattführerin möchte die Physiognomie des kleinen Wurms

---

Hin & Weg: Zum Beispiel vom Südstrand in Sankt Peter-Böhl.

Beste Zeit: Ganzjährig. Im Sommer barfuß, bei empfindlichen Füßen in Wattsocken, sonst mit Gummistiefeln.

Dauer: 2–3 Std. Es werden auch Tagestouren angeboten, etwa von Pellworm zur Hallig Süderoog (siehe www.pellworm.de/so-schoen-ist-es-hier/das-pellwormer-wattenmeer/wattwanderungen.html).

Ausrüstung: Gummistiefel und Regensachen, je nach Witterung. Etwas zum Trinken.

Die Pfahlbauten am Strand können als wichtiger Orientierungspunkt bei einer Wattwanderung dienen.

und sein Treiben im Watt erläutern. Eines ist sicher: Bei der nächsten Wanderung ohne Guide sieht man das Watt mit ganz anderen Augen.

Wichtig: Wer allein geht, sollte neben dem Gezeitenkalender auch Hinweisschilder und die Wettervorhersage beachten. Die Priele laufen zuerst voll, können eine starke Strömung entwickeln und den Rückweg abschneiden. Am besten geht man zwei Stunden vor Niedrigwasser los. Bestimmte Touren sollten nur mit ausgebildeten Wattführern gemacht werden.

FAZIT: DIE WANDERUNG SCHÄRFT DEN BLICK FÜRS DETAIL UND TUT DER SEELE GUT. DAS WATT IST KEIN GRAUER, TROSTLOSER ORT. ES IST VOLLER LEBEN.

PUDDING UNTER DEN FÜßEN

... Stehpaddeln in Friedrichstadt

#17

Die erste Erfahrung im Stand-Up-Paddeln sollte man in ruhigen Gewässern machen. Und am besten in schöner Umgebung. Zum Beispiel in Friedrichstadt.

#Grachtenliebe #GanzkörperWorkout #Haltungzeigen #EntenhabenVorfahrt

→ Abstecher…

SUP-Lehrerin Diane führt gekonnt vor, wie es gemacht wird.

Das alte Holländerstädtchen zwischen Treene und Eider steht bei all jenen hoch im Kurs, die am Wochenende ein bisschen Bötchen fahren wollen. Doch auch für Stand-Up-Paddler eignen sich die Grachten und Flüsse bestens. Wellen werden höchstens von vorbeifahrenden Ausflugsschiffen oder Motorbooten verursacht, und das auch nur in Maßen. Denn das Motto in Friedrichstadt heißt »slow«. Anfänger können einen Kurs machen, Geübte ohne Equipment leihen sich Boards aus. Kenner starten bei Rückenwind am stumpfen Ende der Treene und paddeln acht Kilometer bis Schwabstedt.

In den ruhigen Gewässern sind nicht nur Stehpaddler unterwegs.

Aber selbst die Anfängertour in den alten Hafen und durch die Grachten ist wunderschön. Unter den staunenden Blicken der Passanten auf den Brücken bewegt man sich quasi auf Augenhöhe mit den Enten. Zumindest wenn man mal im Knien oder Sitzen weitergleitet. Plötzlich ist da ein Fisch, der direkt neben einem aus dem Wasser hüpft – und mit einem dicken Platsch wieder verschwindet. Und wenn das Wasser an durchwachsenen Sommertagen immerhin eine Temperatur von 19 Grad Celsius aufweist, kann man sich auch mal freiwillig in die Treene fallen lassen. Und weiterschwimmen.

Geübte Paddler legen sich auf ihr Board, um mal eine Pause zu machen, oder lesen gar ein bisschen. Man grüßt die stets gut gelaunten Senioren auf den Ausflugsbooten, beantwortet gerne drängende Fragen wie die nach der Wassertemperatur. Oder stellt sich Bemerkungen wie: »Nicht streicheln, das Wasser!« Anfängerfehler! Es ist wichtig, das Paddel neben dem Board ins Wasser zu führen, und zwar nicht zu flach. Dabei steht man mit leicht gebeugten Knien auf dem Board. Nach jedem zweiten oder dritten Zug wird die Seite gewechselt. Und ganz wichtig ist: keine Angst

---

Hin & Weg: Über die B5 bis zur Abfahrt Friedrichstadt, dort links halten bis Am Westersielzug.

Beste Zeit: Mai–September.

Dauer & Strecke: 2 Std. dauert der Kurs für Anfänger, die nach ein paar Übungen eine etwa 5 km lange Strecke zurücklegen.

Ausrüstung: Board und Paddel mitbringen oder bei Diane vom SUP Friedrichstadt ausleihen (www.sup-friedrichstadt.jimdo.com).

haben! Am Ende des zweistündigen Kurses hat fast jeder den Bogen raus. Respektive das sichere Gleiten über den puddingähnlichen Untergrund. Und der Muskelkater am nächsten Tag ist inklusive.

FAZIT: EIN TOLLES WORKOUT IN SCHÖNSTER UMGEBUNG, MIT NETTEN GLEICHGESINNTEN UND LUSTIGEM PUBLIKUM.

Wo ist der Kiebitz?

... auf Erkundungstour im Beltringharder Koog

#18

Ein Vogelkiek am Beltringharder Koog entspannt besser als jede Meditation. Und das Gute ist: Nie erlebt man die gleichen Vögel, die gleichen Geschichten, die gleichen Menschen.

Das Fahrrad lässt sich problemlos am Lüttmoordamm abstellen, wenn die Beobachtungshütte erreicht ist. Von hier an muss man sich den Weg durchs Grüne zu Fuß bahnen. Überall summt und brummt es in den dichten Sträuchern rechts und links des Pfades, doch schon bald steht man vor der Hütte. Es folgt: der Eintritt in die Dunkelheit. Relativ schmale Schlitze, die gerade mal zum Gucken und Fotografieren reichen, öffnen sich zum Lütt-

moorsee hin. Man sitzt wie in einer Blackbox. Das wilde Kinogeschehen spielt sich draußen ab: Blesshühner schwimmen und tauchen quasi um die Wette, gut erkennbar an dem weißen Hornschild über dem Schnabel. Weißwangengänse, auch als Nonnengänse bekannt, entspannen sich am Ufer. Brüten sie schon? Zu den Aktiven zählen die Graugänse, diverse Stockenten und Rotschenkel, die an der Wasserkante nach Fressbarem picken. Vielleicht haben einige der Graugänse schon Familienzuwachs bekommen, doch sie halten sich im hohen Gras am Lüttmoordamm auf.

Hier lässt sich prima mit anderen Birdwatchern fachsimpeln, darunter auch technikverliebte Hobbyfotografen. Am schönsten jedoch ist es, wenn niemand mehr spricht oder wenn man allein ist. Wenn nur noch die Geräusche der Natur, die Rufe der Vögel sowie das leise Rattern des Kameramotors zu hören sind. In diesen stillen Momenten am besten gar nicht mehr fotografieren, nichts mehr tun, nur noch zuschauen, ganz in die Action am See vertieft. Ein buntes, scheinbar unkompliziertes Miteinander. – Ist da drüben nicht noch ein Kiebitz mit seiner Haartolle? Er versteckt sich hinter einem Paar von Nonnengänsen, guckt manchmal etwas schüchtern herüber. Aber egal, man hat ja Zeit. Man bleibt dran. Lebt den Augenblick.

FAZIT: BLACKBOX ZU, ALLES VERGESSEN. VÖLLIGE ENTSPANNUNG FÜR DIE MOMENTE DES EINTAUCHENS IN EINE ANDERE WELT.

Hobby-Ornithologen kommen im Beltringharder Koog auf ihre Kosten: Dort tummeln sich Nonnengänse (links), Blesshühner (oben), Graugänse und andere Vogelarten.

Hin & Weg: Die B5 zwischen Husum und Bredstedt bei Struckum verlassen und über die Koogchaussee zum Lüttmoorsiel fahren. Die Beobachungshütte liegt auf der linken Seite des Lüttmoordamms, wenn man vom Parkplatz am Lüttmoorsiel kommt (25821 Reußenköge).

Beste Zeit: April–Oktober.

Dauer & Strecke: 2 Std. oder länger, je nach Ausdauer; ca. 3 km.

Ausrüstung: Fotoapparat, Teleobjektiv, Fernglas. Eventuell Kaffee in der Thermoskanne, für den Fall, dass es besonders spannend ist.

FLIEG, DRACHEN, FLIEG!

… in Sankt Peter-Ording

#19

Sich mal wieder wie ein Kind fühlen? Nichts ist leichter als das. Es reicht nämlich, einen Drachen am Strand steigen zu lassen. Der nötige Wind herrscht an der Küste fast immer.

#Strandsause #Drachentanz #EinmalWindbrautsein #TraumvomFliegen

Zunächst einmal gilt es, Entscheidungen zu treffen. Selber basteln oder kaufen? Einleiner oder Lenkdrachen? Wer am Strand des Stadtteils Ording einen Blick in den Himmel wirft, ahnt, dass es mit diesem Thema komplex werden kann. Eigentlich bietet der ganze 12 Kilometer lange Strand von Sankt Peter-Ording genug Platz, um seinen Drachen steigen zu lassen. Doch die Hundeauslaufgebiete im Bad und bei Hungerhamm sind lieber zu meiden. Ording und Böhl hingegen eignen sich gut.

Diese bunte Vielfalt, die da am Himmel zappelt! Spezialisten der Drachenkunde wissen um Materialien, Bauarten, Geschwindigkeiten. Das Fliegen der Figuren am Himmel mutiert unter Profis quasi zur Wissenschaft. Nicht selten flattern die reinsten Kunstwerke am Himmel. Einsteiger hingegen wollen einfach Spaß haben. Unbeschwert sein wie die Kinder. Über den Sand rennen, am liebsten barfuß. Und dabei in den Himmel schauen, denn das tut man ja eh viel zu selten. Am Nordseehimmel macht es besonderen Spaß. Wenn sich hier die Wolken türmen, heißt es: die volle Kraft des Winds spüren! Wie er einen nach oben zieht und geradezu schwerelos machen kann! Gut zu beobachten ist das bei den Kitesurfern auf dem Wasser.

Kenner wissen, dass das auf die Größe des Drachens gar nicht ankommt, ausschlaggebend ist das Verhältnis von Segelfläche zu Gestänge. Hat ein Drachen viel Segelfläche und wenig Gestänge, braucht er nicht viel Wind, um gut zu fliegen. Da reicht für den Anfang schon ein simpler Einleiner. Und man braucht eine zweite Person. Jemand muss den Drachen festhalten, während der andere etwa zwei Drittel von der Leine abwickelt und dabei wegläuft. Der Lenker zieht den Arm mit der Leine hoch, während der Kopilot im richtigen Moment loslässt.

Nun wird es spannend: Segelt das Teil durch die Lüfte oder stürzt es ab, kracht mit Wucht in den Sand? Beim Absturz heißt es, die Fäden entwirren. Überhaupt scheint Drachenfliegen die reinste Geduldsprobe zu sein. Alles andere rundherum zählt nicht mehr, da sind nur noch der Drachen und man selbst. Und wenn es dann klappt, beginnt ein ganz wunderbarer Tanz mit dem Wind. Wen das alles aus der Puste gebracht hat, der ist gut beraten, einen der Pfahlbauten am Strand aufzusuchen und zu relaxen. Einfach bei einer Tasse Kaffee oder Tee dem bunten Treiben in der Luft zuzuschauen – zum Beispiel in Ording in der Strandbar 54° Nord oder in der Böhler Seekiste.

Hier wird der Traum vom Fliegen wahr: Drachensteigen am Strand von Sankt Peter-Ording ist nicht nur was für Kinder.

FAZIT: DIE GLÜCKSGEFÜHLE AM STRAND STELLEN SICH SOFORT EIN, WENN MAN VOLLEN WIND IN DEN »SEGELN« HAT.

Hin & Weg: Von der B5 auf die B202 in Richtung Sankt Peter-Ording fahren. Beliebte Stellen sind Böhl und Ording.

Beste Zeit: Immer, wenn der Wind nicht zu stark weht. Hauptsache, der Strand ist eisfrei. Im Sommer barfuß.

Dauer: 2–3 Std. oder länger – ganz nach Gusto.

Ausrüstung: Drachen, Sonnenbrille.

JUST (NORDIC) WALKING

… auf dem Amrumer Kniepsand

#20

Ran an die Stöcke, auf zum Kniepsand – und früh morgens schon den Kreislauf ankurbeln! Einmal von Wittdün bis zum Leuchtturm und zurück – eine wunderschöne Strecke mit bester Luft, Dünen und Weitblick.

#Kniepsand #Dünenwunder #Wüste #WeitistdasLand #NordicWalking

Tief einatmen und genießen - am frühen Morgen hat man den Amrumer Kniepsand noch fast für sich allein.

Walking-Schuhe und -Stöcke festgezurrt und schon kann es losgehen auf eine Nordic-Walking-Tour. Sie startet an der Wittdüner Promenade, der Wandelbahn. Man geht zunächst treppab, zum Kniepsand, der sich hier kilometerweit bis zum Meer ausdehnt. Beinahe wüstenartig erscheint er, jeweils abhängig von der Licht- und Wetterlage. Auf Amrumer Friesisch soll »kniap« übrigens kneifen heißen. Dabei ist es tatsächlich nur der ewige Wind, der die immense, sich über zehn Quadratkilometer ausdehnende, langsam wandernde Sandbank bei Amrum »zum Kneifen« bringt.

Der Morgen gilt als gute Zeit für leichten Ausdauersport. Noch vor dem Frühstück, noch bevor die Insel erwacht. Die wenigen, die nun unterwegs sind, verlieren sich in der Weite der Landschaft. Rasch und in weiten Schritten ziehen die Walker voran. Der Wind fegt einem hier gerne mal den oberen losen Sand ins Gesicht. Im morgendlichen Licht strahlt der helle Kniepsand, die Dünenlandschaft wird vor dem Horizont so plastisch modelliert, dass man den Augenblick festhalten möchte - für immer und ewig. Einfach stehen bleiben und schauen. Doch dazu ist es zu frisch, Aufwärmen ist angesagt.

Der Atem geht schneller, der Kreislauf kommt in Schwung. Vorbei an Süßwasserpfützen und -bächen, die man hier am Strand nie vermutet hätte, geht es zu einem hölzernen Bohlenweg. Dieser führt zu einem Dünensee, dem Wriakhörn. Dieser Nehrungssee wird vom Regen angefüttert, im Winter und Frühling tritt er gerne mal über die Ufer und setzt den Bohlenweg unter Wasser. An manchen Tagen ist es windstill rundherum, und ein vielstimmiges Vogelkonzert erklingt. Weiter geradeaus ist nach über drei Kilometern eine Aussichtsplattform erreicht: Kniepsand, Wriakhörn und Meer - alles im Blick.

Zurück gelangt man hinter dem Wriakhörnsee auf dem schmalen Weg immer geradeaus wieder nach Wittdün. Und wer sich nach dem Morgensport belohnen möchte: Frühstücken lässt es sich gemütlich in der Inselstraße im Wittdüner Café Pustekuchen.

Tipp: Unbedingt den Leuchtturm aus dem 19. Jahrhundert besuchen und den Blick in die Ferne schweifen lassen! Er ist über die Inselstraße etwa zwei Kilometer westlich von Wittdün oder vom Kniepsand aus über einen Dünenweg zu erreichen (Nähe FKK-Zeltplatz.) Im Sommer hat er unter der Woche immer vormittags geöffnet.

FAZIT: GESÜNDER GEHT ES NICHT! BEWEGUNG IN SCHÖNSTER UMGEBUNG MIT ALLERBESTER LUFT.

Hin & Weg: Mit der Fähre von Dagebüll nach Wittdün. Vom Anleger gelangt man bequem zu Fuß über Inselstraße und Strandstraße zur Promenade.

Beste Zeit: Fast immer, außer bei Sturm oder Eis. Fürs Café unter www.cafe-pustekuchen-amrum.de schauen.

Dauer & Strecke: Walkingtour ca. 1-1½ Std.; knapp 4 km.

Ausrüstung: Nordic-Walking-Stöcke und -Schuhe.

---

2. KAPITEL AUSFLÜGE

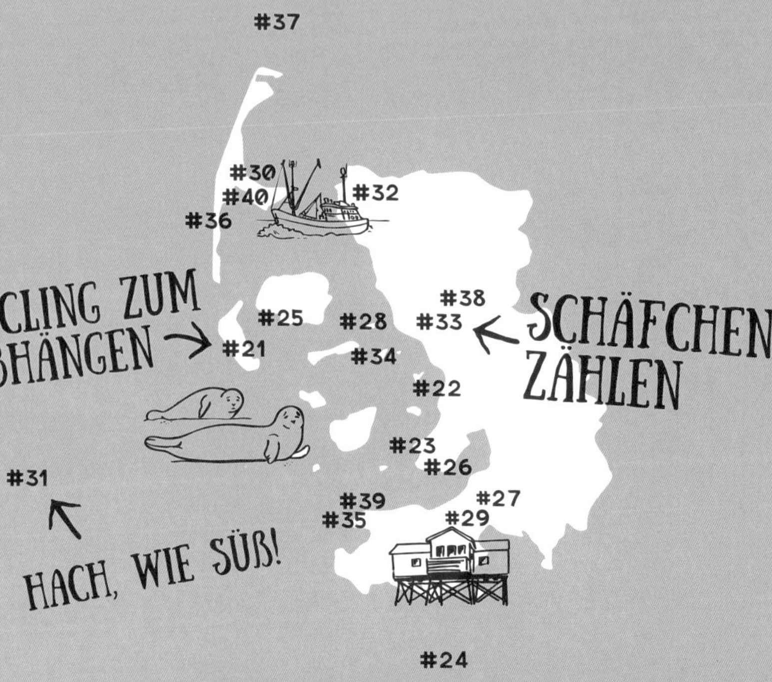

Raus für einen Tag

Hinaus ins Grüne, hinein in die schönsten Ecken der Gegend. Ob Wandern, Radeln, Paddeln, Reiten oder einfach die Natur genießen - für jede Laune und jedes Wetter ist etwas dabei.

12H

WIE HUCKLEBERRY FINN

… auf Amrum

#21

Eine Strandhütte aufsuchen und selbst mal Treibholz sammeln: Amrum ist bekannt für seine Strandfunde – das Auflesen hat hier schon lange Tradition.

#Treibholzschätzchen #Hüttenfeeling #Abenteuer #Freiheitsgefühl

Hütten aus Treibholz und Plastik: So geht Upcycling am Amrumer Strand.

Einst wurden Irrfeuer entzündet, um Schiffe in Richtung Strand zu locken, wo sie auf Grund liefen. Dann begann der Beutezug. Heute lebt auf Amrum niemand mehr von der Strandräuberei. Angeschwemmt wird neben dem Treibholz leider oft Plastikmüll - Flaschen, Fischerhandschuhe, Netzteile. Ein Berliner Künstler war es, der die erste Hütte aus Treibholz und Plastik baute, und sein Beispiel machte Schule: Upcycling nennt man das.

Leider überleben diese Strandhütten die Winterstürme nicht, also heißt es jedes Jahr von Neuem: ausbuddeln und neu aufbauen. Wer zum Beispiel südwestlich des Leuchtturms über den Kniepsand läuft, wird so eine unkonventionelle Behausung finden. Mit Liebe zum Detail errichtet, ist sie nun nicht nur den Erbauern ein Bezugspunkt in der Weite des Kniepsands. Auch mancher Strandwanderer findet hier bei Regen Unterschlupf. Vor allem dient die Hütte als Ort des sozialen Austauschs. Wildfremde Menschen schwärmen angeregt von dieser Baukunst. Eine Hängematte daneben, mitten auf dem sich wüstenartig ausbreitenden Sand: besser geht es nicht.

Ein Stück weiter sind Überreste einer weiteren Strandhütte zu finden. Das weckt Lust, sie wieder aufzubauen. Vielleicht nimmt man erst einmal ein Stück Holz mit nach Hause und

Hin & Weg: Mit der Fähre nach Wittdün fahren, mit dem Bus oder Rad bis zum Strandübergang noch vor dem Leuchtturm.

Beste Zeit: Mai-September.

Dauer: 3-4 Std.

Ausrüstung: Rucksack, Proviant und vor allem Wasser. Eventuell Badesachen.

funktioniert es zum Kunstwerk um? Als eine Art symbolischer Grundstein, Andenken an das wilde Strandleben auf Amrum. Den feinen Sand, den selten rastenden Wind. Und nicht zuletzt als Andenken an das berauschende Meer, das dem Holz seine Form gegeben hat.

FAZIT: ANARCHISCHES GLÜCK, AUF SAND GEBAUT, DAZU SOCIALIZING IM WÜSTENARTIGEN NICHTS UND SCHAUKELN UNTER DER SONNE: FAST WIE IN DER KARIBIK.

DIE ZEIT DER NONNEN-GÄNSE

… Radtour im Beltringharder Koog

#22

Eine Frühjahrs-Radtour, wenn die Sonne auf Stippvisite ist und ein frischer Wind über die Fennen streicht. Noch ausgebleicht vom Winter sind dann die Farben der Landschaft. Jetzt ist die Zeit der Wildgänse angebrochen.

#Frühjahrssause #Wildgänseparty #WindimHaar #Naturliebe

Mit dem Rad geht es durch sattes Grün zu beiden Seiten.

Ein idealer Startpunkt ist die Badestelle Lüttmoorsiel. Bei Westwind ist es sinnvoll, sich hinter dem schützenden Außendeich aufzuhalten. Zwar muss man beim Radeln auf den Meerblick verzichten, doch es bleibt genügend Wasser zur Rechten, das zudem lebhaft, ja fast laut wirkt. Nicht das Wasser selbst, sondern das Geschehen rundherum, darüber, darauf. Das Naturschutzgebiet am Beltringharder Koog gilt nämlich als reinstes Vogelparadies. Nonnengänse en masse. In Grüppchen grasen sie am Ufer des Lüttmoorsees. Nur wenige Graugänse haben sich zu ihnen gesellt.

Nach ein paar Kilometern erreicht man die Schleuse des Sönke-Nissen-Koogs, hier wird

Frühling am »Deichshörn«.

das Hinterland entwässert. Nun geht es rechts herum, weg vom Deich, den Blick auf die weiten Äcker gerichtet. Solange kein Binnendeich zu überqueren ist, bleibt die Strecke wunderbar flach und leicht zu fahren. Wäre da nicht der Wind. Durch die Luft schallt das monotone Geräusch der Windräder. Sie klingen wie motorlose Kleinflugzeuge, die im Endlosschleifen-Stakkato durch die Luft segeln. Sie gehören zur Landschaft Nordfrieslands wie die Fennen, die Deiche, die Schafe.

Hinter dem Windpark biegt man rechts auf den Mittelweg ein, und ist hier, so scheint es zumindest, weit und breit das einzige Lebewesen. Plötzlich Stille rundherum, die dann durch das Geschrei von Möwen auf frisch gepflügten Äckern gebrochen wird. Ein Traktor düst um die Ecke. Weites Marschland, Weißdornbüsche in den Knicks. Zeit für eine rekreative Pause. Zeit für ein Café: Das Deichshörn liegt in der Kurve des Desmercièreskoogs.

Gut gestärkt macht man noch einen Bogen durch die Marsch und überquert die Arlau. Von der Arlauer Schleuse geht es zurück zum Beltringharder Koog. Kleiner Stopp am Aussichtsturm des Hattstedter Koogs: Das Meer

---

Hin & Weg: Die B5 zwischen Husum und Bredstedt bei Struckum verlassen und über die Koogchaussee zum Lüttmoorsiel fahren.

Beste Zeit: April–Oktober.

Dauer & Strecke: Gut 4 Std. braucht man für die 25 km – Gegenwind und Pausen eingerechnet.

Ausrüstung: Rad, Rucksack, etwas zum Trinken, eventuell Verpflegung und Fernglas.

am Horizont. Das Watt glitzert in der Sonne. Das Blöken der Schafe. Vereinzelte Vogelrufe. Die Ruhe. Der Wind.

Tipp: Bei gutem Wetter und entsprechenden Temperaturen die Badesachen einpacken und nach der Rückkehr den grünen Strand am Lüttmoorsiel testen (Tidenkalender beachten).

FAZIT: TIEFENENTSPANNT BEIM VOGELKIEK UND IN DEN KÖGEN. DIE ERSTE RADTOUR NACH DEM WINTER FÜHLT SICH AN WIE EINE NEUGEBURT.

MIT ZWEI PS ÜBERS WATT

... Kutschfahrt zur Hallig Südfall

#23

Von Nordstrand nach Hallig Südfall mit der Pferdekutsche fahren – auf einen Plausch mit der Vogelwartin, die dort für drei Viertel des Jahres allein mit ihrem Mann lebt.

#Wattträume #ImRhythmusdesHufgetrappels #Halligleben #FürNaturfreaks

Die Fjordpferde sind das Ziehen der Kutsche durchs Watt gewohnt und bringen die Gäste gemächlich trabend zur Hallig Südfall.

»Jeder Tag im Watt ist anders«, meint der Kutscher zu den Gästen, als es losgeht. Die beiden Fjordpferde ziehen an und traben gemächlich durchs Watt. Es geht in die Schutzzone 1 des Wattenmeers. Stellenweise bedecken Wasserpfützen den Weg, der durch Pricken gekennzeichnet ist. Anfangs ist er steinig, bleibt jedoch auch auf sandigem Untergrund noch fest. Es herrscht Ebbe, sonst ginge kein Weg zur Hallig Südfall. Dort lebt das Ehepaar Gunda und Gonne Erichsen, außer in den Wintermonaten, wenn ihnen die Leitungen einfrieren. Zum Einkaufen auf dem Festland muss der Traktor herhalten, sonst aber reitet die Familie zwischen Nordstrand und Südfall hin und her. Doch meist genießen die Küstenschützer eben die Einsamkeit und die Natur.

Bei Ebbe fahren die Kutschen los und bringen neugierige Gäste zur Hallig. Mitten durchs Watt. Wenn die Kutschen ankommen, trifft man die Austernfischer gerade beim Frühstück am Wegesrand an, sieht vielleicht Entenfamilien auf der Flucht vor den Neuankömmlingen. Weg vom Weg. Nach einer Stunde sind die sieben Kilometer mit zwei PS geschafft. Die Gäste dürfen sich auf der Hallig ein wenig umsehen. Doch frische Luft macht hungrig, und die Halligleute haben selbst gebackenen Kuchen, Kaffee und Herzhaftes auf-

Nach einem kleinen Rundgang über die Hallig gibt es zur Stärkung frisch gebackenen Kuchen und herzhafte Spezialitäten der Region.

getischt. So gehen einige Gäste bereits zum Lunch aus regionalen Spezialitäten über. Die anderen spazieren ein wenig umher, groß ist die Hallig nicht. Außer den Gebäuden und dem Fething, einem Regenwassertümpel, umzingeln Salzwiesen die Warft. Ringsherum wird im Frühsommer eifrig gebrütet, sodass man nur durch ein Spektiv die Möwen und Seeschwalben näher betrachten darf. Das Meer ist erst vor Westerhever zu sichten. »Es bringt Schlick und Sand mit der Flut«, weiß die Vogelwartin. Und das braucht die Hallig, um zu wachsen. Etwa 50 bis 60 Mal im Jahr heißt es Land unter, dann ist Südfall vom Meer umkreist. Doch nur alle drei bis fünf Jahre holen sich die Einwohner nasse Füße.

Bevor die Flut zurückkommt, verlassen alle Ausflügler die Hallig wieder mit der Kutsche. Zurück zum Strand von Fuhlehörn, wo noch Ebbe herrscht. Also schnell: Schuhe aus, barfuß durchs Watt wandern, die Hallig am Horizont.

FAZIT: EINE LANGSAME, RHYTHMISCHE HALLIGREISE, DIE STILECHTER NICHT SEIN KÖNNTE.

Hin & Weg: Mit dem Auto über Nordstrand bis zum Parkplatz der Badestelle Fuhlehörn.

Beste Zeit: Mai–September.

Dauer: Für die 7 km bis zur Hallig brauchen die Pferde etwa 1 Std. hin und 1 Std. zurück. Der Aufenthalt dauert 1½ Stunden. Danach bleibt genügend Zeit in Fuhlehörn für eine Wattwanderung, um im Strandkorb zu chillen oder am Strand zu picknicken.

Ausrüstung: Tagesrucksack, Fotoapparat, eventuell Fernglas. Vielleicht auch eine Decke – es kann frisch sein in der Kutsche.

DIE SALZWIESE LEBT

… auf Helmsand

#24

Nur wenige wissen, dass auch Dithmarschen über eine Hallig verfügt: Helmsand heißt sie und ist per Rad oder zu Fuß zu erreichen. Zeit für ein Picknick am Meer und die Entdeckung der Salzwiese.

#Halligodernicht #Salzwiesenentdeckung #Naturschutz #Schafe

Ein typisches Gewächs der Salzwiesen: Strandwermut. Neben Queller und Strandportulak eine beliebte Zutat in der Sylter Spitzenküche.

Die Salzwiesen kommen aus irgendeinem Grund stets zu kurz. Alle lieben die Dünen, den Strand und das Wasser, doch da sind ja auch noch diese grünen blühenden Wiesen, die weder richtig zum Meer noch zum Land gehören. Eine lebhafte Zwischenwelt, die zig Mal im Jahr überflutet wird: Die Salzwiesen leben, blühen und gedeihen im Stillen.

Lahnung zur Landgewinnung: Schlick lagert sich ab, und das Land vor dem Deich wächst im Jahr um einen Zentimeter.

Wer von Meldorf zum Speicherkoog radelt, kommt über den Elpersbütteler Deich und landet ziemlich genau vor der einzigen Dithmarscher Hallig: Helmsand. Vermutlich hätte man als Laie diesen an den Koog angedockten Landflecken kaum als Hallig identifiziert. 150 Meter seewärts von der Deichkrone entfernt beginnt der Nationalpark. Dort kann man sich einer geführten Salzwiesentour anschließen. Die Guides des Parks erzählen zum Beispiel, dass der Speicherkoog als Vordeichung angelegt wurde – anstelle einer Deicherhöhung. Und Helmsand? Vom 1. April bis zum 31. Juli gehört die Hallig allein den Vögeln, es herrscht Brutzeit. Doch ein Spaziergang oder eine Radtour bis zur Beobachtungshütte auf der Salzwiese ist drin. Und wer will, kann dort auch picknicken.

Zunächst aber heißt es, etwas über die Pflanzen zu lernen. Schon mal was von Strandwermut gehört? Silbrig sieht so ein Busch aus, ein bisschen wie ein Miniatur-Nadelwald. Herb im Geschmack, wird er von Sylter Topköchen neben Queller und Strandportulak gerne in der Küche verwendet. Was rosa blüht, ist meist Schuppenmiere, Grasnelke oder Tausendgüldenkraut. Gut erkennbar auch die lila blühende Stranddistel.

Neben der Salzwiese fallen Spuren einer ehemaligen Lorenbahn auf. Sie führte einst nach Helmsand, auch wenn nie jemand auf der Hallig gewohnt hat. In den 1930er-Jahren verband man die Hallig durch einen Damm mit dem Festland. Aus Gründen des Küstenschutzes geht eben manchmal die Romantik flöten …

FAZIT: DER DUFT LIEGT AUF DER SALZWIESE UND FÜHRT AN EINE NAHEZU UNBEKANNTE STELLE DITHMARSCHENS.

Hin & Weg: Mit Bahn oder Auto von Heide bis Meldorf fahren.

Beste Zeit: Ganzjährig, abhängig natürlich von der Wetterlage.

Dauer & Strecke: 2–3 Std., ca. 11 km einfach.

Ausrüstung: Rad mitbringen oder in Meldorf ausleihen. Etwas zu trinken nicht vergessen! Eventuell Picknicksachen.

EIN HERZ FÜR MUSCHELN

… am Nieblumer Strand auf Föhr

#25

Beim Sammeln von Muschelschalen kann man die Zeit völlig vergessen. Und mit der Beute nach dem Urlaub, ganz klassisch, Haus oder Garten dekorieren. Das ist wie eine fühlbare Erinnerung.

#Baywatch #Herzmuschel #Wattspaziergang #Gartendeko

Für Freizeitentdecker und Neugierige: Das Watt am Nieblumer Strand birgt einen Einblick in eine andere Welt.

Während man an den endlosen Stränden von Sankt Peter-Ording, Amrum oder Rømø weite Strecken zurücklegen muss, ist auf Föhr alles übersichtlich und gut erreichbar. Ruckzuck ist man an der südlichen Küste, die nicht nur ein toller Badeort, sondern auch ein Paradies für Freizeitentdecker ist. Der Nieblumer Strand etwa erscheint als nie versiegender Quell für semiprofessionelle Muschelsammler. Zwischen feinen Sand und schöne Steine mischen

Sand, Muscheln und Lavendel - passt perfekt!

sich hier Muschelschalen jeglicher Art: glatte, gerippte, mehrfarbige, schwarze, weiße, kleine, große oder komplexe wie Austernhälften.

Wer beim Aussuchen und Sammeln angestrengt auf den Boden schaut, entdeckt auch allerlei Tierchen: kleine Krebse etwa, die miteinander tanzen. Oder die »Spaghetti«, die der Wattwurm auf der Oberfläche ausscheidet. Reinster Sand. Und die palmenartigen Enden des Bäumchenröhrenwurms, die bei Ebbe aus dem Wattboden ragen. Wie eine exotische Miniaturwelt wirkt das Watt, voller Leben das schlammige Grau - wenn man genauer hinschaut. Und am Ende stellt man fest, dass doch wieder die Herzmuscheln das Rennen gewonnen haben: Zuhauf haben sie den Weg in die Tasche gefunden. Ein paar flache Sandmuscheln sowie eine leicht beschädigte Miesmuschel sind mit von der Partie. Und alles ist schön mit Sand paniert.

Zu Hause heißt es dann erst mal waschen, trocknen lassen und zusammen mit etwas Sand ein (nachhaltig produziertes) Solarglas dekorieren. Hat es tagsüber Sonne getankt, leuchtet es fleißig den Mini-Strand im Glas an. Auch schön: Die Muscheln direkt im Garten neben Lavendel und Rosen platzieren.

Tipp: In Nieblum empfiehlt es sich, die leckeren Waffeln oder den Kuchen der Teestube in der Kerzenscheune zu kosten. Und zum Abendessen in der urigen Scheune Lohdeel etwas Typisches der Region zu probieren. Für den Kulturhunger gibt es Seefahrer-Geschichte auf den sprechenden Grabsteinen des Nieblumer Friedhofs.

FAZIT: SPAZIERGANG AM MEER MIT BODENFIXIERUNG. VÖLLIGE ENTSPANNUNG. FÖRDERT DIE KREATIVITÄT.

Hin & Weg: Mit dem Schiff ab Dagebüll nach Wyk, Föhr. Vom Anleger aus auf dem Strand losspazieren. Fahrpläne unter www.faehre.de.

Beste Zeit: Ganzjährig mit Gummistiefeln, im Sommer barfuß.

Dauer & Strecke: 3–4 Std. auf der Insel oder nach Belieben länger; ca. 3 km vom Fähranleger zum Strand und zurück.

Ausrüstung: Eigene Tasche oder verschließbarer Behälter für die Beute. Rucksack, um im Sommer die Schuhe zu verstauen und die Hände frei zu haben.

ROLLEND ÜBER DIE INSEL

… auf Nordstrand

#26

Ein unterschätztes Schätzchen an der Küste, eine ruhige Insel abseits der ausgetretenen Pfade: Nordstrand. Perfekt zum Inlineskating. Deswegen wird hier jedes Jahr zu Himmelfahrt ein Marathon ausgetragen. Kleines Training gefällig?

#Inselfeeling #RollenRollenRollen #BesteLuft #Puddingbeine

Gleich in Süderstrand geht es los, hinter dem Hafen, auf der anderen Seite der Engel-Mühle aus dem 19. Jahrhundert. Es dauert nicht lang, dann geht ein schmaler Asphaltweg links von der Straße ab: An de Wehl führt geradewegs zum Deich. Viel los ist hier nicht, ab und an kommt ein Radfahrer oder ein Anwohner mit dem Auto oder dem Traktor vorbei. Ansonsten hat der Inlineskater die schmale Straße für sich. Und sie ist in einem guten Zustand, alles im Flow. Schafe schauen zu, die es natürlich zu grüßen gilt. Ein bisschen Schnacken ist im

Außer den sogenannten Deichschweinen begegnet man auf Nordstrand nur selten anderen Lebewesen. Die Strecke eignet sich somit wunderbar für eine ruhige Inlineskating-Tour.

Norden grundsätzlich angesagt, und auch die sogenannten Deichschweine brauchen Ansprache, Lob für ihre Arbeit auf den Deichen.

Den Wind im Haar rollt man Meter für Meter dem Horizont entgegen. Wer will, macht eine Pause, klettert die Stufen hoch über den Deich, schaut nach Ebbe und Flut, sieht das Meer in der Sonne glitzern. An der Westseite der Insel sind die Hallig Südfall und die Nachbarinsel Pellworm zu erkennen. Ein bisschen chillen auf dem Deich, die Beine ausstrecken, bevor es weitergeht. Auf der anderen Seite schweift der Blick über die Maisfelder und Fennen. Eines ist klar: Etwas zu trinken im Rucksack – überlebenswichtig. Erst nach elf Kilometern erreicht man nämlich einen Boxenstopp: die Nordstrander Teestuv. Und nach einer verdienten Pause nun die Frage: Wie viel Kraft ist noch für den Rückweg da? Oder lieber mal den Bus nehmen? Ansonsten geht es über den Trendermarschweg zurück zum Deich.

FAZIT: WORKOUT MIT TOLLER AUSSICHT – UND AM ENDE ZITTERNDEN BEINEN. DANN HAT MAN SICH EIN SÜPPCHEN ODER EINEN KUCHEN IN DER TEESTUV WIRKLICH VERDIENT!

Hin & Weg: Mit dem Auto über die B5 bis Husum, dann links in Richtung Schobüll und über den Damm nach Nordstrand fahren.

Beste Zeit: April–Oktober (Infos zum Marathon auf www-nordstrand.de).

Dauer & Strecke: 4–5 Std. mit Pausen und 14 km auf Inlineskates.

Ausrüstung: Inlineskates, Knie-, Ellenbogen- und Handschützer, Rucksack, etwas zum Trinken.

WENN DER HOLUNDER BLÜHT

… in Tönning an der Eider

#27

Es liegt etwas in der Luft, wenn der Holunder im Juni blüht. Ein süßlicher Duft. Ein Versprechen. Da bekommt man richtig Lust, ein paar der duftenden Blüten zu ernten und ein neues Pfannkuchen-Rezept auszuprobieren!

#WennderHolunderblüht #Pfannkuchen #lecker

Holunder-Pfannkuchen mit Erdbeeren – lecker!

Im Norden blüht der sogenannte Schwarze Holunder (*Sambucus nigra*) im Frühsommer quasi an jeder Ecke. Seine Früchte werden zur Reife im Herbst schwarz, daher der Name. Die Beeren werden gerne zu Fliederbeersuppe mit Grießklößchen verarbeitet. Solange der Holunder aber noch verführerisch duftet, blüht er weiß mit gelben Pollen. Das ist die beste Zeit, die Blüten zu ernten und Holunderblütensirup oder Pfannküchlein zu fabrizieren! Büsche an stark befahrenen Straßen sollte man besser meiden, und auch bei Privatgrundstücken lieber fragen, bevor es ans Werk geht. In vielen öffentlichen Parks gibt es Büsche – oder an frei zugänglichen Stellen wie in Tönning, wo es sich wunderbar die Eider entlangspazieren lässt. An sonnigen Tagen um die Mittagszeit sollen sie am besten duften, die Hollerbüsche. Dann ist es Zeit für einen Spaziergang oder eine Radtour.

Juni ist die beste Zeit um die blühenden Holunderdolden zu ernten und damit leckere Pfannküchlein zu backen.

Um die Blüten zu ernten, geht man am besten folgendermaßen vor: Mit einer Haushaltsschere Dolde für Dolde abschneiden und locker übereinander in einen Korb legen. Eventuell Insekten entfernen – und fertig! Für die Pfannkuchen reichen schon sechs oder sieben Dolden, je nach Größe. Vorsicht aber beim Ernten: Manchmal führt die Böschung steil hinab, und die Steine sind glatt – also lieber nur die gut erreichbaren Büsche ins Visier nehmen.

Noch ein Stückchen weiter gen Westen fließt die Eider ins Meer. Dieser größte Fluss Schleswig-Holsteins taucht in der altnordischen Mythologie unter dem respekteinflößenden Namen »Aegyr Dör« auf: Tür des Meeresgottes Ägir. Je näher man dem Meer kommt, desto mehr machen sich Ebbe und Flut bemerkbar: Im Mündungsbereich lassen sich immerhin drei Meter Tidenhub messen. Doch schon in Tönning kann man Ebbe und Flut deutlich erkennen. Nun aber genug sinniert und ab nach Hause mit der Ernte! Jetzt ist Backzeit.

FAZIT: IMMER DEM DUFT FOLGEND, WIRD ES EIN SPAZIERGANG ODER EINE RADTOUR MIT SÜßEM HAPPY END.

Hin & Weg: Über die B5 bis Tönning fahren, in Hafennähe parken.

Beste Zeit: Juni (die Blüten müssen duften).

Dauer & Strecke: 3 Std. inklusive Zubereitung, ca. 1,5 km einfach.

Ausrüstung: Schere, Korb.

Rezept für Pfannküchlein (4 Personen)

220 g Roggenmehl
200 ml Bio-Milch
80 g Zucker
2 Bio-Eier
2 Msp. Bourbonvanille
1 TL Backpulver
Blüten von 6–7 Holunderdolden

Die Zutaten gut verrühren und am Ende auch die abgezupften Blüten unterrühren. Leicht gesalzene Butter in der Pfanne schmelzen und löffelweise Teig hineingeben: 1 Löffel = 1 Pfannküchlein.

Ganz hervorragend schmecken dazu leicht gezuckerte Erdbeeren.

UND ÜBERALL DAS MEER

... Entdeckungen auf der Hallig Oland

#28

Halligen sind keine Inseln. Sie bestehen aus Marschland, das nicht eingedeicht ist, und bei Sturmfluten werden sie überspült. Das typische Hallig-Feeling hat man am besten auf kleinen Landflecken wie Oland.

Landunter auf Oland.

Es gibt zwei Arten, Hallig Oland zu erreichen: mit der Lore oder mit dem Schiff. In den Genuss, mit der Lorenbahn in Dagebüll abgeholt zu werden, kommen nur die Übernachtungsgäste. Über einen Damm und Schienen geht es für sie dann mit einer Art Waggon auf die Hallig weiter – oft in Cabrio-Form. Der Tagesgast hingegen nimmt eines der Ausflugsschiffe in Schlüttsiel, genießt die Fahrt über die Nordsee und beobachtet mit etwas Glück einen Krabbenkutter aus der Nähe. Er wird schon mal eingestimmt auf das Halligleben, sieht sich umgeben vom Meer und von diversen Landflecken, den »Schwimmenden Träumen«, wie sie einst von Theodor Storm beschrieben wurden.

Von den Halligen sieht man meist nur die Warften, aufgeschüttete Hügel, die auf dem Wasser zu schweben scheinen. Sie schützen die Halligbewohner vor den Fluten. Wenn ihr Land zig Mal im Jahr untergeht, ragen nur noch diese Warften aus dem Wasser.

So ist es auch mit dem kleinen, feinen Oland. Der Sonnenschein an schönen Sommertagen straft die düstere Vorstellung von einer Sturmflut Lügen. Alles grünt und blüht dann auf der Hallig, wie herausgeputzt wirken die Häuser. Man will bleiben, eine Weile in dieser beschaulichen Enge wohnen und in die Weite schauen. Nirgendwo ist der Duft des Meeres so präsent wie auf den Halligen. Da steht etwa ein Olander mit dem Fernglas am Zaun, um zu schauen, wann die nächste Lorenbahn ankommt. Ihr verdanken die Einwohner, dass sie nicht vom Schiffsverkehr abhängig sind, allerdings kann sie nur bei Ebbe fahren.

Mit der Lore geht man seine Einkäufe erledigen, denn Oland verfügt nicht über einen Kaufmannsladen wie die größere Nachbarin Langeneß. Doch ein Lokal gibt es, ein Mitteldling aus Restaurant, Café und Kneipe, die Halligstu-

Hin & Weg: Mit dem Schiff ab Schlüttsiel.

Beste Zeit: Mai–September. Mehr unter www.langeness.de

Dauer: Eine Schiffstour nach Oland dauert ca. 5–6 Std. (bei den meisten Touren ist ein Besuch bei Seehundsbänken oder anderen Zielen inkludiert).

Ausrüstung: Etwas zum Trinken, Fotoapparat, eventuell Fernglas, um die Seehunde auf den Sandbänken näher heranzuholen.

Die Lorenbahn ist eine von zwei Möglichkeiten, um zur beschaulichen Hallig Oland zu gelangen.

be Kiek In. Hier trifft sich ganz Oland, hier lassen sich auch die Gäste nieder. Und der Blechkuchen mit Sahne – hausgemacht und gut!

Wer durch die Gassen schlendert, weiß nie genau, wo der öffentliche Bereich endet und der private beginnt. Die Nähe ist groß, jeder weiß (fast) alles vom anderen. Auf einer Hallig muss man seine Nachbarn mögen, jedenfalls die meiste Zeit. Der Gast hat es einfacher, er lernt meist nur die schönen Seiten kennen.

FAZIT: AUF DEM SCHIFF WIE AUF DER HALLIG ERSCHLIEẞT SICH JEDEM DER WEISE, ALTE FRIESENSPRUCH: »RÜM HART, KLAAR KIMING« – WEITES HERZ, KLARER HORIZONT.

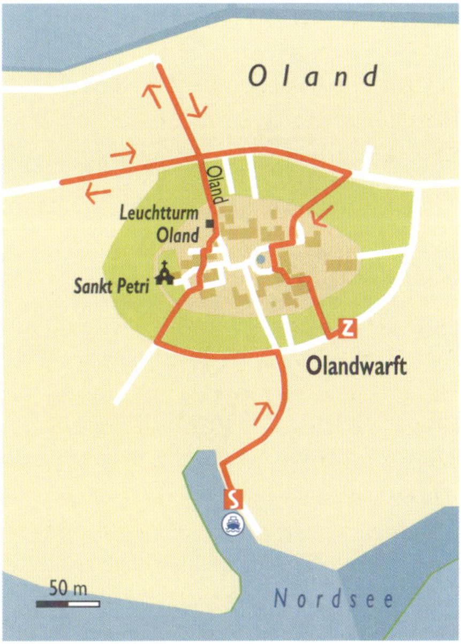

WO DER SEEHUND SCHWAMM

... im Katinger Watt

#29

Auf dem Weg von Tönning zum Eidersperrwerk liegt das Katinger Watt. Wo einst die Eider übers Ufer trat und das Meer die Niederungen überschwemmte, wuchert heute Wald. Ein idealer Platz, um Radfahren und Wandern zu kombinieren.

#Waldforschung #Frischluftzufuhr #Naturerlebnis #WartenaufdenEisvogel

Von Tönning aus parallel zur Eider bis zur Mündung zu radeln ist allein einen Ausflug wert: am Sperrwerk aufs Meer schauen, im Frühjahr den brütenden Lachmöwen und den Küstenseeschwalben zuhören und zu beobachten, wie ein Kutter durchgeschleust wird. Man stelle sich vor, wie die Mündung der Eider ohne das Sperrwerk ausgesehen hat. Das Katinger Watt. Wo heute das Grün wuchert und Bäume in die Höhe wachsen, schwammen einst Seehunde und aalten sich auf Sandinseln. Ein großer Teil des Katinger

Rastplätze für kleine Pausen befinden sich entlang der Strecke sowohl am Priel als auch im Wald.

Watts zählt inzwischen zum EU-Vogelschutzgebiet. Die jetzige Form entstand durch das Eidersperrwerk und die gezielte Aufforstung, wodurch man das Binnenland nachhaltig vor Überflutungen schützen wollte. Ein Teil des Katinger Watts dient als Naturerlebnisraum: Bienen kann man hier beobachten, Baumarten bestimmen und im Ringpriel nach Aalen keschern. Die sollten aber nach dem Angelerfolg wieder ins Wasser zurückbefördert werden.

Auf dem dreieinhalb Kilometer langen Wanderweg vom Aussichtsturm Kiek ut geht es über Waldlichtungen vorbei am Ringpriel, kitzelnden Gräsern, Büschen und diversen Baumsorten, von der Pappel bis zur Eiche. Ein Grillplatz sieht verlockend aus. Immer wieder bieten sich kleine Rastplätze an. Blau blühendes Knabenkraut am Wegesrand. Man trifft auf andere Spaziergänger. Blesshühner kreuzen das Wasser. An der Beobachtungshütte des Ringpriels richtet sich alle Aufmerksamkeit auf das Haus eines Eisvogels, doch der hübsche Exot zeigt sich nicht immer.

Es dauert nicht lange, und die Natur hat einen gefangen. Wer nach so viel frischer Luft hungrig geworden ist, dem sei die Schankwirtschaft Wilhelm Andresen empfohlen (www.schankwirtschaft-andresen.de). Dort speist es sich gemütlich in der alten Kachelstube. Die Delfter Fliesen stammen aus dem 18. Jahrhundert! Eine Spezialität des Hauses ist übrigens der Eiergrog nach dem Rezept der blonden Kathrein.

Einen schönen Blick über das Katinger Watt hat man vom Aussichtsturm Kiek ut.

FAZIT: IN DIESER VERWUNSCHENEN WASSER-WIESEN-WALD-LANDSCHAFT LÄSST SICH EIN WORKOUT AN DER FRISCHEN LUFT MIT LEHRSAMER ERFAHRUNG VERBINDEN.

Hin & Weg: Mit dem Rad ab Tönning über Olversum in Richtung Eidersperrwerk.

Beste Zeit: April–Oktober.

Dauer & Strecke: 1 Tag. Hin und zurück vom Eidersperrwerk radelt man über 20 km, der Wanderweg führt über 3,5 km durchs Katinger Watt.

Ausrüstung: Rad, Rucksack, eventuell Picknick- oder Grillsachen und ein Kescher.

IM REICH DES REIHERS

… Radtour in Sylts Süden

#30

Mit dem Rad von Morsum nach Rantum – immer am Deich entlang. Inklusive Vögelgucken am Rantumbecken: Nirgendwo an der deutschen Küste versammeln sich mehr Arten.

#Watterleben #Rantumbecken #Naturschutz #Badeschafe #Vogelparadies

Radeln zum Rantumbecken: In dem Naturschutzgebiet brüten mehr als 30 See- und Wasservogelarten.

Morsum, ein ruhiges, wie aus dem Ei gepelltes Örtchen im Sylter Westen. Am besten fragt man den nächstbesten Passanten, wo es zur Sylter Wattseite geht. Es klingt eigentlich ganz einfach: geradeaus, vorbei an Feldern und Fennen, nur selten taucht ein Haus auf. Am Deich entscheidet man sich für die Meerseite - wenn das Wetter mitspielt. Bei Flut sieht man dann auch den einen oder anderen baden.

Der vielleicht kleinste Strand von Sylt ist hier zu entdecken, eine grüne Wiese mit ein paar Strandkörben. Alles sehr gemütlich und nett. Ein Stück weiter scheinen sogar die Schafe baden zu gehen. Besser gesagt, sie relaxen im Watt, kühlen sich ein bisschen ab. Badesachen vergessen? Egal: Das Ziel sind ja die Vögel. Das Rantumbecken. Schon auf dem Weg dorthin kann man vielleicht den einen und anderen Austernfischer ausmachen.

Ist man erst dort, im Naturschutzgebiet, dann leuchtet zu den Füßen das Schilf froschgrün. Alles zirpt, ruft, pfeift und zwitschert nur so. Kein Wunder, sollen hier auf 568 Hektar doch mehr als 30 Arten von See- und Wasservögeln brüten. Doch blicken lassen sich oft nur wenige Exemplare. Da! Haben sich in der Ferne große Schwärme niedergelassen, dann sind sie selbst mit dem Teleobjektiv nicht so leicht zu identifizieren. Sind es vielleicht Seeschwalben?

Eine Insel lässt sich ausmachen: die Insel der Reiher. Die Vögel haben sich wie Statuen rings um den Rand aufgestellt. Der Weg um das Becken ist nicht sonderlich breit und leicht steinig, sodass es nicht gerade schnell vorangeht. Aber dazu ist die Aussicht auch viel zu genial.

Auf dem Weg nach Rantum liegt die Kaffeerösterei Sylt (Hafenstraße 9, kaffeeroesterei-sylt.com). Und es wäre nicht Sylt, würde man hier nicht einen angesagten »Affogato« kriegen – Espresso mit Eis, genau richtig bei Sommerwetter. Dazu ein Stück Kuchen? Der Rückweg ist ja genauso weit.

Extra-Tipp für Müde: Wer den Rückweg lieber mit den Öffentlichen antreten will, der

---

Hin & Weg: Das Auto in Klanxbüll parken, mit dem Zug über den Damm setzen, in Morsum aussteigen.

Beste Zeit: April–Oktober.

Dauer & Strecke: 4–6 Std., je nach Länge der Pausen. Eine Strecke ist knapp 17 km lang.

Ausrüstung: Rad, etwas zum Trinken. Eventuell Badesachen. Räder kann man bei Bedarf im nahen Archsum oder Keitum ausleihen.

wird sich bestimmt über die Fahrradträger an allen Linienbussen freuen. Erst dem Busfahrer Bescheid geben, dann das Rad am Heck befestigen. Kostenpunkt: ein zusätzliches Erwachsenenticket. E-Bikes werden allerdings nicht mitgenommen!

FAZIT: HIER IM SÜDEN DER INSEL KANN MAN GUT IN DER RUHE DER NATUR RADELN, FAST ALLEIN UNTER AUSTERNFISCHERN, REIHERN, SCHAFEN.

BADEN MIT ROBBEN

… auf Helgoland

#31

Mit dem Börteboot fahren, bei der Düne schwimmen, den Robben tief in die Knopfaugen schauen – so lautet die Formel für einen perfekten Sommertag auf Helgoland.

#Bötchenfahren #Helgolandrelaxed #Robbenmeeting #SüßeSeehunde

Ahoi, Kapitän! Ruckzuck ist das Schiff nach Helgoland geentert. An Bord ersteht man sein »Ticket ins Glück«. Damit ist garantiert, dass das Börteboot einen direkt vom Schiff zur Düne bringt, wenn Helgoland erreicht ist. Einst war die Düne, die Badeinsel, ein Teil Helgolands. Dann hat sich der Strand selbstständig gemacht, und seine Einwohner heißen nun Robben und Seehunde.

Vom Anleger kommend, spaziert man nach rechts, biegt um die Ecke, und da liegt auch schon eine ganze Mannschaft am Strand. So viele Seehunde und Robben sieht man eher selten aus der Nähe! Die Besucher sind angehalten, mindestens 30 Meter Abstand zu wahren. Doch selbst aus dieser Entfernung – 30 Meter sind nicht wirklich viel – könnte man ihnen stundenlang zuschauen. Und zuhören, denn ihr Repertoire reicht von Schnarchen und Grunzen bis hin zum Bellen. Manchmal sieht es so aus, als würden sie begeistert in die Flossen klatschen, manchmal klopfen sie sich selbstzufrieden auf den wohlgerundeten Bauch. Genüsslich strecken sie sich der Sonne entgegen und allein schon durch ihre Körperhaltung sagen sie ganz deutlich: Das Leben ist schön!

Nur ein Stückchen entfernt befindet sich ein bewachter Badestrand. Bunte Strandkörbe vor flachen Dünen, Kinder tollen herum, junge Leute spielen Volleyball. Das Wasser kristallklar, ein Grünton, der da sagt: Zeit zum Schwimmen. Vielleicht zieht sogar eine Robbe vorbei? Das Wasser wirkt kälter als die auf der Tafel angezeigten 19 Grad.

So rundum erfrischt bleibt Zeit fürs Relaxen mit Blick auf den Leuchtturm. Noch mal bei

Auf Helgoland lassen sich Robben in freier Wildbahn beobachten. Doch zum Schutz der Tiere bitte mindestens 30 Meter Abstand halten!

den Robben vorbeischauen. Mit einem Börteboot nach Helgoland übersetzen. Zu den Hummerbuden am Hafen spazieren und ein Brötchen mit Knieper probieren, dem Fleisch aus den Kneifzangen des Helgoländer Hummers. Zurück auf dem Schiff und umgeben vom Blau – Himmel und Meer, himmlisch! Vielleicht lassen sich sogar noch Schweinswale entdecken, die über die Wellen hüpfen. Aber nur, wenn man richtig viel Glück hat.

FAZIT: WAS FÜR EIN TAG! BADEN, CHILLEN, SICH DIE SONNE AUF DEN BAUCH SCHEINEN LASSEN – GENAU WIE DIE ROBBEN.

Hin & Weg: Mit dem Schiff ab Büsum oder Cuxhaven.

Beste Zeit: Juni–September.

Dauer: 1 Tag. Wer will, mietet sich in den bunten Holzhütten ein und bleibt länger.

Ausrüstung: Badesachen, Sonnenbrille. Windjacke fürs Schiff. Fotofreaks nehmen ein gutes Teleobjektiv mit: für Robbenporträts.

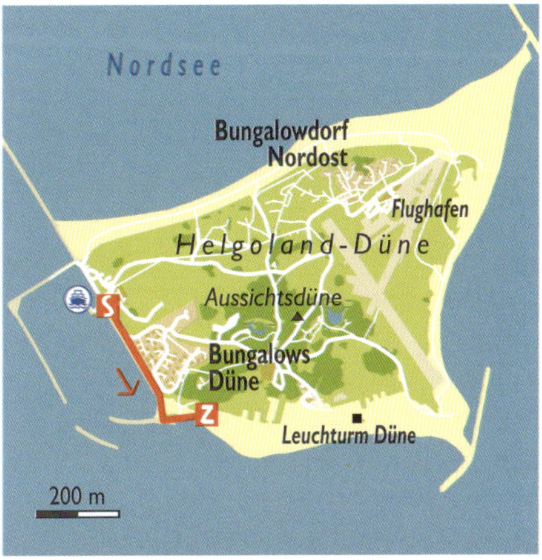

EIN GARTEN WIE EIN GEMÄLDE

… bei der Nolde-Stiftung in Seebüll

#32

Wenn ein Garten beinahe beliebter ist als ein Museum, dann ist man wohl in Seebüll gelandet – und wandelt durch eine wilde Komposition der Farben. Herr Nolde selbst ist schuld.

#Gartenliebe #Farbspektakel #Duftexplosion #Künstlerinspiration

In den Sommermonaten lädt der Nolde-Garten zum Flanieren und Entspannen ein.

Verloren im Grenzgebiet zwischen Deutschland und Dänemark. Dort, wo die Farbe Grün dominiert. Nichts als Fennen, ein paar Höfe und Kühe, die neugierig gucken. Dort ist es: Mitten im Nichts schlackern Fahnen im Wind. Ein Pfad führt über das Grundstück der Nolde-Stiftung und die nordfriesische Marschlandschaft.

Wie würde ein Künstler einen Garten anlegen? Das Ehepaar Nolde hat es in Seebüll gezeigt. Es wimmelt nur so von Schmetterlingen und Hummeln in dieser üppigen Komposition aus Blüten, Pfaden und einem Teich. Ein Garten wie ein Gemälde. Emil Nolde war Expressionist, das Interesse des Malers galt der Kraft der Farben. Es grünt und blüht also kreuz und quer. Mittendrin ein reetgedecktes Häuschen, quasi mit der Funktion eines Strandkorbs. Darin konnten die Noldes schon im Frühjahr frische Luft tanken, im Freien lesen, einfach mehr Zeit draußen verbringen. Egal ob bei Regen oder Wind. »Seebüllchen« nannten sie ihr Gartenhaus, eine Mischung aus Südsee-Hütte und Friesenkate. Nolde soll hier viele seiner Blumenaquarelle gemalt haben, inspiriert von der »Reinheit dieser Farben«. Wer es nicht weiß, wird es nicht merken: Der Garten ist nach den Initialen des Ehepaares angelegt: AE in Form von Wegen. Das ist Liebe.

Auf der Warft thront das einstige Wohn- und Atelierhaus über dem Garten. Jedes Jahr widmet die Stiftung dem Schaffen Noldes eine andere Ausstellung. Doch man könnte einfach nur Stunden im Garten verbringen. Vielleicht eine Kleinigkeit essen, einen Kaffee trinken.

Fast schon wieder auf dem Weg zurück, da fällt ein Schild ins Auge: Hülltoft-Tief. Keine Wetterlage also? Folgt man dem Schild, wird

man sich bald vor einem See wiederfinden, an einer Naturbadestelle. Ist der Strand leer und das Wetter entsprechend, dann findet man hier ein Abendlicht vor, das Nolde garantiert gefallen hätte. Vielleicht nicht spektakulär, aber sehr stimmungsvoll. Sommer mit Wolken. Und in der Ferne das Wohnhaus des Malers. Nun wird klar, warum Künstler immer die besten Ecken finden. Folge dem Licht!

Hin & Weg: Mit dem Rad oder Auto nach Seebüll. Von der B5 aus ist die Nolde-Stiftung ausgeschildert. Sie liegt etwa 15 km nördlich von Niebüll.

Beste Zeit: Juni–August. Öffnungszeiten und mehr unter www.nolde-stiftung.de

Dauer: Etwa 6 Std., inklusive (Bade-)Stopp am Hülltoft-Tief.

Ausrüstung: Sonnenbrille, ein gutes Buch oder ein Skizzenheft – ganz nach Gusto.

FAZIT: DER NOLDE-GARTEN WIRKT IM SOMMER WIE EIN FARBRAUSCH, DER IN JEDEM DEN KÜNSTLER WECKT.

DAGEB.

NUR DIE SCHAFE SCHAUEN ZU

… in Waygaard bei Dagebüll

#33

Einst eine Hallig im Wattenmeer, heute ein runder Ort auf dem Festland: In Waygaard, genau dort, wo Lecker Au und Soholmer Au sich treffen, lässt es sich wunderbar Kanu fahren.

#Kanu #PaddelnwiedieWeltmeister #SchafeaufDeichpatrouille #PureIdylle

Blick aus dem Kanu: Wie so oft in Nordfriesland arbeiten auch in Waygaard unzählige Schafe auf den Deichen.

Der Ausgangspunkt liegt an der L10 etwas nördlich von Waygaard: Hier werden die Kanus ausgegeben. Nur ein kleines Stück muss man sie tragen, um sie am Holzsteg hinterm Deich ins Wasser zu lassen. Während die Schafe friedlich auf dem Deich grasen, heißt die alles entscheidende Frage: Die Lecker Au links hochpaddeln oder lieber rechts runter? Erst mal gegen den Wind, der meistens von Westen her weht, denn noch sind die Kräfte frisch und die Motivation ist hoch.

Der Weg führt unter einer Brücke hindurch, kurz darauf fließen Lecker und Soholmer Au zusammen und werden zum Bongsieler Kanal. Dieser lässt sich Kilometer für Kilometer erobern, wenn einem nicht gerade der Wind das Wasser entgegenpeitscht. In diesem Fall empfiehlt es sich umzukehren – von da an wird alles zum Kinderspiel, das Paddeln geht leicht von der Hand, die angepeilte Richtung bleibt stabil. Diese Ruhe rundherum! Nur die Schafe blöken, ein paar Vögel zwitschern, dazu das meditative Platschen des Wassers gegen den Bug und das rhythmische Aufklatschen der

---

Hin & Weg: L10/Herrenkoogstraße zwischen Waygaard und Herrenkoog – kurz nach dem Treffen von Lecker Au, Soholmer Au und der Brücke.

Beste Zeit: Mai–September.

Dauer & Strecke: 2–4 Std., je nach Strecke und Länge der Pause, ca. 4 km.

Ausrüstung: Kanu, Hut, Sonnenbrille, wasserdichte Tasche. Beim Verleih gibt es eine Box zum Schutz von Handy & Co. Wer kein eigenes Kanu oder Kajak hat, kann beim Kanu-Service Südtondern eines ausleihen: ein Schild am Backsteinhaus weist darauf hin (www.kanu-service.de).

Nur umgeben von zwitschernden Vögeln und blökenden Schafen paddelt man in der Einsamkeit der Natur.

Paddel. Und jenes Wissen, dass diese Gegend im Mittelalter ganz anders aussah. An dem rundgebauten Örtchen Waygaard kann man das gut nachvollziehen: Der Ort war damals noch eine Hallig. Die Reetdachhäuser liegen entweder auf oder um die Warft herum. Rund ist der Ort. Vom relativ geraden Bongsieler Kanal aus ist das zwar nicht zu erkennen, doch vor Jahrhunderten hätte man an genau dieser Stelle schon gegen die Wellen des Meeres rudern müssen.

Der Ort Bongsiel diente im 18. Jahrhundert als Hafen. Damals wurden hier Waren aus Holland entladen, beziehungsweise umgekehrt. Später fungierte Bongsiel nur noch eine Weile als Festlandshafen für die Halligen, doch nun ist Schlüttsiel die Anlaufstelle für Fahrten in die Halligwelt. In den historischen Gasthof am toten Ende des Kanals kehrten einst Künstler und Schriftsteller ein. Heute ist das Restaurant geschlossen – bleibt also nur ein leckeres Picknick auf dem Deich, allein unter Schafen.

FAZIT: NIE WAR PADDELN SCHÖNER ALS IN DER EINSAMKEIT DER NATUR. KAUM STRÖMUNG, NUR WIND – NATÜRLICH JE NACH WETTER.

FÜR KNERKEN VOM KIOSK

… auf die Hallig Gröde

#34

Man sagt, Gröde sei eine ursprüngliche Hallig. Vielleicht, weil sie so überschaubar und autofrei ist. Und wer denkt, jeden Winkel entdeckt zu haben, lässt sich einfach auf der Wiese nieder.

Knerken: echte Hallig-Kekse.

Manch einen, der an der Küste steht und die Halligen am Horizont sieht, packt das Seeweh. Also ab aufs nächste Schiff! Etwa von Schlüttsiel nach Hallig Gröde, hin zur kleinsten Gemeinde Deutschlands. Acht Einwohner, zwei Warften. Die Schafe und Rinder sind in der Überzahl. In aller Gemütsruhe beweiden sie die Fennen und beäugen neugierig die Tagesgäste. Beim Spazieren über die Hallig ist das Meer stets präsent.

Die meisten Gäste stoppen an der Kirchwarft, die auch Platz für die verwaiste Schule und einen winzigen Friedhof vor der Kirche St. Margarethen bietet. Letztere birgt einen unerwarteten Schatz, den aus einem Vorgängerbau

geretteten Renaissance-Altar. Weiter geht man bei einem Rundgang in Richtung Knudswarft.

Von den acht Einwohnern ist oft nur Monika zu sehen, am gleichnamigen Kiosk, zweifelsohne der soziale Mittelpunkt der Hallig. Hier treffen sich die Einheimischen gerne zum Klönschnack, wenn sie von den Küstenschutzarbeiten zurückkommen. Monika verkauft neben Eis, Marmelade und Plüschrobben auch ihre hausgemachten Knerken - ein Mürbegebäck »nach altem Familienrezept«, wie sie

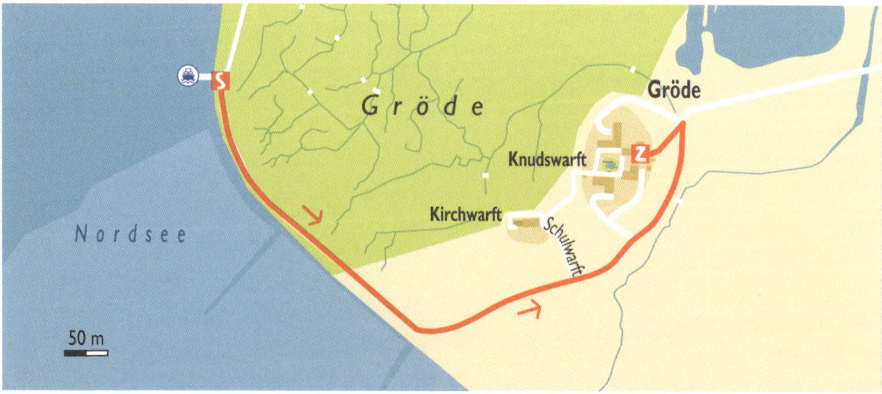

Treffpunkt für alle auf Hallig Gröde: Monikas Kiosk.

beteuert. Nachfragen ist sinnlos, Knerken-Rezepte werden von den Halligfrauen wie Augäpfel gehütet. Die Hallig-Kekse sind lange haltbar, so viel steht fest. Knackig, wie sie sind. Einst dienten sie den Fischern draußen auf dem Meer als Brotersatz.

Ein Stückchen führt der Weg um den Fething der Knudswarft, auf der sich die wenigen Wohnhäuser um das zentrale Wasserspeicherbecken gruppieren. Glücklicherweise sind die Gröder heute nicht mehr darauf angewiesen, das Regenwasser für die Zisterne zu sammeln, denn die Hallig ist an das Trinkwassersystem des Festlands angeschlossen. Vor einem kleinen Schild mit der Aufschrift »Privat« endet der Rundgang auf der Warft abrupt.

Es ist diese spannungsgeladene Mischung aus Intimität und Freiheit, der Weite des Meeres, die das Leben auf der Hallig, inmitten der Nordsee, ausmacht. Dafür nehmen die Menschen in Kauf, keinen Bäcker, kein Restaurant und kein Kaufhaus um die Ecke zu haben.

FAZIT: WO, WENN NICHT HIER, FÄNGT MAN AN, MIT DEN KÜHEN ZU REDEN. ÜBER DAS LEBEN ZU PHILOSOPHIEREN.

Hin & Weg: Mit dem Boot ab Schlüttsiel.

Beste Zeit: Ganzjährig – abhängig vom Schiffsbetrieb. Im Juli und August trägt Gröde violett, wenn der Halligflieder blüht. Mehr unter www.groede.de.

Dauer & Strecke: 4–6 Std. inklusive Fahrtzeit, ca. 1 km vom Anleger zur Knudswarft.

Ausrüstung: Rucksack mit ein bisschen Proviant, eventuell eine Picknickdecke.

DER LEUCHT-TURM-WÄRTER

... von Westerhever

#35

Es gibt einen alten und einen neuen Weg, um über die Salzwiesen zum Leuchtturm zu gelangen. Über den historischen Stockenstieg, ein Kulturdenkmal, darf man erst auf dem Rückweg laufen.

#Leuchtturm #MeetingmitMöwen #Schafezählen #RümHartKlaarKiming

Ein Bild von einem Leuchtturm.

Der Rucksack mit Verpflegung und Badesachen ist geschultert, die Karte für den Leuchtturm gekauft, wenn man das Infohäuschen am Parkplatz verlässt. Schafe tummeln sich am Deich, den sich manchmal Schulklassen als Arbeitsplatz für Kunststudien erkoren haben. Etwa eine Dreiviertelstunde läuft man von hier bis zum Westerhever Leuchtturm, doch es bleibt genug Zeit, um den Strand anzusteuern. Bei Ebbe ist der Weg zum Meer mindestens genauso weit wie der zum Leuchtturm. Überraschenderweise tummeln sich außer den Touristen auch Einheimische am Beach: Die sogenannten Deichschweine

arbeiten hier Tag für Tag, denn sie halten die Grasnarbe kurz. Ein Päuschen am Strand sei den Schafen gegönnt. Ansonsten wirkt der Sand fast verlassen, nur wenige Gäste haben sich mit einer Strandmuschel eingerichtet. Die meisten spazieren in dieser Weite umher. Barfuß über den feinen Sand. Das Meer hat Pfützen hinterlassen, angewärmt von der Sonne. Später durchquert man die Salzwiesen auf festen Wegen, wo sich oft auch diverse Rotschenkel blicken lassen – auf Pfählen in der Sonne chillend. Seeschwalben wirbeln wild durch die Luft und ein Lachmöwenpaar sitzt auf einem Gatter.

Der ehemalige Leuchtturmwächter führt Interessenten im Stundentakt hinauf auf seinen Turm. Wichtig ist, dass keine Überflutung des umgebenden Landes zu erwarten ist und dass alle Gäste trockenen Fußes wieder zurückkommen. Es gibt sonst nur noch eine andere Möglichkeit, auf den Turm zu gelangen: Man muss heiraten. Das Hochzeitszimmer ist bereits nach 65 Stufen erreicht, mit dem ehemaligen Wärter geht es noch 95 Stufen weiter hinauf. Doch die Luft in dem sich nach oben verjüngenden Gebäude steht. So sind alle froh, auf der oberen Plattform nach draußen gelangen zu können. Das Land zu sehen, die Halligen, Inseln, das Meer. Hasen laufen über die Wiesen der Warft. Der einstige Wärter erzählt aus seiner aktiven Phase, als er mit der ganzen Familie am Turm wohnte: »Eine schöne Zeit.« Damals gab es nur den Stockenstieg, einen aus Backsteinen gemauerten, schmalen Pfad. Und so ist es eine Ehre, den Rückweg über diesen geklinkerten Pfad anzutreten, der genauso alt ist wie der Leuchtturm: über 100 Jahre.

Vorbei an friedlich grasenden Schafen erreicht man nach gut zwei Kilometern den über 100 Jahre alten Leuchtturm.

FAZIT: WEITE, WEITE, WEITE – DAS IST WESTERHEVERSAND. EIN GLÜCKSPILZ, WER HIER MAL GEWOHNT HAT.

Hin & Weg: Über die Halbinsel Eiderstedt bis Westerhever und geradeaus durch den Ort weiterfahren. Ziel ist der Parkplatz mit Infohäuschen. Die Karten für den Turm müssen vorbestellt und spätestens 1 Std. vor dem Termin an der Info abgeholt werden. Mehr unter www.westerhever-nordsee.de/turmfuehrungen.html.

Beste Zeit: Mai–September.

Dauer & Strecke: ½ oder 1 Tag – je nach Lust und Laune. Für die gut 2 km bis zum Leuchtturm braucht man zu Fuß etwa ¾ Std., wenn man unterdessen nicht zum Strand abbiegt.

Ausrüstung: Rucksack, Verpflegung, Badesachen.

DIE ZIPFEL-WANDERUNG

… zur Hörnumer Odde auf Sylt

#36

Die Vergänglichkeit spüren, den Wind im Gesicht: am Südzipfel von Sylt. Egal bei welchem Wetter, egal zu welcher Jahreszeit – die Wanderung rund um die Odde ist ein Genuss.

#WattundWellen #Weitblick #Naturgewalt #EinGefühlvonFreiheit

Auch bei Wind und Wetter lohnt sich eine Wanderung rund um die Hörnumer Odde. Ausnahme: Bei einem Orkan sollte man den Ausflug lieber verschieben.

Der Landstreifen der Odde wirkt noch schmaler als auf der Karte. Zur Linken sieht man das Watt, zur Rechten die Dünen, die das Meer verdecken. Am Hafen von Hörnum geht es los: Einmal zu Fuß rund um die Odde, die Landzunge, Sylts südlichsten Zipfel. Im Hafen gibt es oft frische Krabben zu kaufen, doch das hängt von den Gezeiten ab. Manchmal liegen Muschelfischer vor Anker, es riecht intensiv nach Meer und Fisch. Eine wohlgenährte Möwe, die malerisch auf einem der Holzpfosten hockt, ist dann nur noch das I-Tüpfelchen in diesem maritimen Arrangement. Der Duft frisch gebackener Crêpes wabert durch die Luft, wenn die weiße Strandbude mit den auffälligen pinkfarbenen Akzenten und der Aufschrift Sylt Crêpes geöffnet hat.

Aber jetzt erst mal loslaufen. Der große Appetit kommt bestimmt nach der Tour, und auf der anderen Seite der Odde wartet ja auch noch das Restaurant Breizh in den Dünen. Über vier Kilometer sind es vom Hafen bis zur gegenüberliegenden Stelle am Weststrand. Immer am Meer entlang, vom Watt bis zur wilden Seite Sylts, der Westküste. Die Gummistiefel vergessen? Bequeme Schuhe, die den Sand vertragen können, reichen an einem trockenen Wintertag völlig aus.

Das zwei Kilometer lange Naturschutzgebiet von der Weißen Düne bis zum Tetrapodenquerwerk ist besonders stark den Sturmfluten ausgesetzt. Trotz der Befestigung beklagt man auf der Insel ständige Abbrüche und setzt ihnen

Sandvorspülungen entgegen. Orkantief Christian wütete im November 2013 an der Odde mit bis zu 180 Kilometern pro Stunde. Und Sturm Xaver hat wenig später noch einen draufgesetzt, stark an den Randdünen geknabbert, das Fundament des ehemaligen Unterfeuers freigespült und eine ganze Plattform heruntergezerrt. Die Gewalt der Natur: Hier ist sie spürbar.

An der unteren Odde wirken Amrum und Sylt wie Geschwister, die bei der Geburt vom Meer getrennt wurden. Ein 30 Meter tiefer Priel mit starker Strömung fließt zwischen den Inseln hindurch. Den Wind der Odde spüren, das ist fast wie ein Aufputschmittel. Oder wie eine Meditation. Eine innere Reinigung, Futter für die Seele. Hoffentlich bleibt der Südzipfel noch eine Weile erhalten – in genau dieser spröden Schönheit. Nun geht es immer am Strand entlang bis zum Strandweg, wo das Restaurant Breizh zu finden ist. Hier gibt es übrigens Sylter Royal, bretonische Fischsuppe und formidable Crêpes! Wer danach dem Strandweg folgt, landet auf der Rantumer Straße und kann an der Haltestelle Strandweg den nächsten Bus zurück nehmen.

FAZIT: WER DAS RAUE DER NORDSEE LIEBT, BLEIBT AN DER ODDE HÄNGEN UND ERKLÄRT SIE ZUM SCHÖNSTEN TEIL VON SYLT.

Hin & Weg: Mit dem Rad oder Bus ab Westerland bis Haltestelle Hörnum Hafen.

Beste Zeit: Fast immer – außer bei einem Orkan.

Dauer & Strecke: 2–3 Std., je nach Tempo und Pausen; knapp 8 km zu Fuß.

Ausrüstung: Wetterabhängig. Bequeme Schuhe, Rucksack, eventuell Regenschutz.

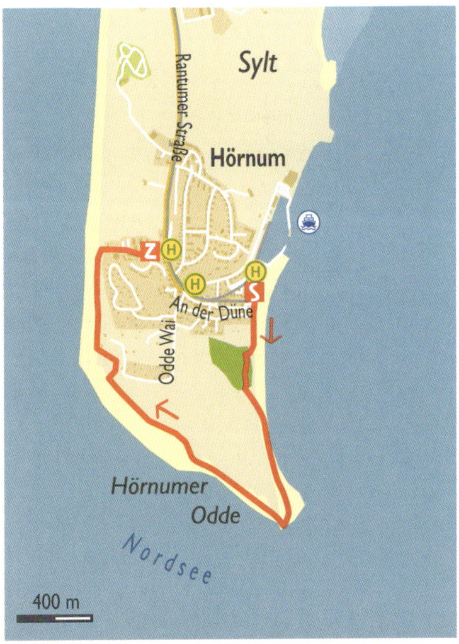

FREI WIE DER WIND

… auf Rømø, Sylts dänischer Schwester

#37

Unaufgeregte Isländer sind beliebt – auch die Pferde. Sie sind groß genug, aber nicht zu groß. Und vor allem: Sie können tölten. Das ist wie Boogie am Strand.

#BoogieamStrand #Isländerliebe #SalzaufderHaut #WindimHaar

Gute Freunde kann niemand trennen.

Wenn Swenja Peters aufsattelt, sitzt einfach jeder Handgriff. Nicht nur bei ihr, sondern beim gesamten Pony-Clan, der nach und nach eintrifft. Zwei der jungen Frauen werden die nächsten Gruppen begleiten. Egal, ob Anfänger oder geübte Reiter, jeder darf hier auf dem Rücken der Pferde ans Meer. Allerdings trennt Swenja alle, die vielleicht irgendwann vor 20 Jahren mal geritten sind, von den Erfahrenen. Damit es auch für Letztere nie langweilig wird.

So geht es manchmal auch nur in kleinen Formationen an den Strand. Die Koppel der Pony-Farm liegt ganz im Süden der Insel Rømø bei Sønderstrand. Ein kleines Schild weist in

den Rimmevej, doch die Pferde sind ohnehin schon von der Straße aus zu sehen – besser als jedes Werbeschild. Feste Schuhe sind angebracht, Helme können ausgeliehen werden. Nun wird gestriegelt, aufgesattelt, und los geht es! Der fertige Trupp biegt einmal um die Ecke und schreitet anschließend ein Stück die Straße entlang – und schon haben die Pferde Sand unter den Hufen.

Im Hochsommer geht Swenja sogar mit den Isländern schwimmen. Das heißt, es geht richtig ins Wasser hinein, nicht nur an den Saum. Das Pferd schwimmt, der Reiter bleibt sitzen – im Idealfall. Swenja selbst mag aber die Tage am liebsten, an denen es nicht zu kalt ist und nicht zu warm. Und an der Wasserkante entlangzugaloppieren ist schon phänomenal. Ein Gefühl von echter Freiheit. Zumal da sich in der Weite des Strandes alles und alle ganz gut verteilen. Zwar hat Swenjas kleine Tochter professionell erklärt, wie man das Pferd zum Tölten bringt, eine für den Reiter angenehme Art der Fortbewegung, doch man vergisst ja schnell. Ein bisschen wie Tanzen für

---

Hin & Weg: Über den Rømø-Damm auf die Insel fahren, an der ersten Ampel links abbiegen. Auf der 175 Richtung Sønderstrand, in Havneby die letzte Abbiegung rechts nehmen: Vestergade, Sønderstrandvej. Der Rimmevej liegt auf der rechten Seite (www.romo-ponyfarm.com).

Beste Zeit: Ostern–Ende Oktober.

Dauer: 1 Tag auf der Insel. 1 Std. am Strand reiten und danach einfach an der Wasserkante entlangwandern und schwimmen.

Ausrüstung: Feste Schuhe, bequeme Kleidung, eventuell Helm (kann auch vor Ort geliehen werden).

Reiten am Strand? Auf Rømø kann man auf Isländern an der Wasserkante entlang galoppieren - und im Sommer sogar mit den Pferden schwimmen gehen.

Pferde sieht es aus. Also noch mal wiederkommen? Vielleicht im Hochsommer, vielleicht zum Schwimmen. Oder einfach nur so.

Eine Stunde auf dem Pferderücken geht schnell vorbei, da stehen auch schon die Nächsten in den Startlöchern. Doch auf Rømø lässt es sich auch ohne die Isländer ganz gut aushalten. So bleibt einem am Ende noch, die Dünen, den Strand, das Meer zu genießen. An der Wasserkante entlangzuwandern und dann ein gewisses Hungergefühl zu spüren. Zum Glück ist es bis Havneby ja nicht weit.

FAZIT: MIT WEHENDEN MÄHNEN AM STRAND, DAS WASSER SPRITZT ZU ALLEN SEITEN, DAS SIND PURE GLÜCKSGEFÜHLE!

VON RÄUBERN UND RINDERN

... im Langenberger Forst

#38

Ein Teil des Historischen Westlichen Ochsenwegs führt durch den schönen Langenberger Forst, den größten Wald Nordfrieslands. Mal breit, mal schmal verläuft der Pfad nie schnurgerade.

#Baumzauber #Frischluftzufuhr #Waldwonnen #Sauerstofftanken

Ein Kuckuck ruft. Schon bei den ersten Schritten durch den Wald ist er zu hören. Zunächst geht es über einen schmalen Pfad. Der Boden fühlt sich gut unter den Schuhsohlen an, doch er wirkt etwas weicher als der übliche Waldboden. Weniger federnd. Dann lichtet sich der Wald ein wenig, und es kommt ans Tageslicht: Da ist überall Sand unter den Schuhen!

Hin & Weg: Von der B5 in die Lecker Chaussee einbiegen. Am Ortsanfang beginnt, unscheinbar klein, aber beschildert, der Ochsenweg durch den Langenberger Forst.

Beste Zeit: Zu jeder Jahreszeit schön.

Dauer & Strecke: ½ oder 1 Tag, je nach Strecke und Pause. Für die 4 km des Ochsenwegs braucht man gut 1 Std.

Ausrüstung: Bequeme Schuhe, Rucksack mit Verpflegung.

Der Langenberger Forst entstand durch gezielte Aufforstung im 19. Jahrhundert. 1000 Hektar Mischwald für Nordfriesland. Wie das duftet! Manchmal riecht es so süß, als wäre ein Zuckerbäcker in der Nähe. Wer weiß, was da gerade blüht! Der sandige Untergrund gehörte zur Heidelandschaft, die sich hier zuvor ausgebreitet hatte.

Älter als der Wald ist der Heer- und Ochsenweg, über den bereits seit dem 15. Jahrhundert das Vieh von Dänemark aus in südlicher Richtung getrieben wurde. Husum galt als wichtiger Marktplatz für Kühe. Während der geneigte Wanderer so über den mal breiten, mal schmalen, mal lichten, mal verschlungenen Pfad läuft, möge er sich große Rinderherden vorstellen, die sich über genau diese »Straße« drängelten. Der Ochsenweg führt

Auf den sandigen Pfaden des größten Waldes von Nordfriesland lässt es sich zu jeder Jahreszeit gut wandern.

über mehr als vier Kilometer durch den Forst, immer wieder sind am Rand schöne Stellen für eine Pause oder ein Picknick zu entdecken.

Der Ochsenweg ist nicht der einzige gekennzeichnete Wanderpfad im Langenberger Forst. Man kann etwa dem Eichhörnchen- oder auch dem Enten-Symbol folgen. Maximal sieben Kilometer lang ist eine Wanderstrecke, Kombinationen sind möglich. Ideal erscheint der Wald auch für Nordic Walking. Und keine Sorge: Die Zeiten, als noch Räuber auf dem Ochsenweg herumlungerten, sind längst vorbei.

FAZIT: EINFACH MAL DURCHATMEN UND BÄUME UMARMEN. DER LANGENBERGER FORST TUT KÖRPER UND SEELE GUT.

KAFFEE, KUCHEN, KIRCHEN

... Genuss auf der Halbinsel Eiderstedt

#39

Eine Kulturtour durch den Nordwesten der Halbinsel Eiderstedt: mit dem Rad zu den Highlights wie der alten Hökerei Haus Peters in Tetenbüll und dem Westerhever Leuchtturm.

#StrammeWaden #Deichkino #MeetingmitSchafen #KleineArchitekturfreuden

St. Stephanus in Westerhever.

Ein Bild wie aus der Werbung: Auf dem Deich vor Westerheversand grasen Schafe und im Hintergrund ragt der rot-weiße Leuchtturm in die Höhe. Dazu die Weite, der in der Sonne leuchtende Sand, das Meer am Horizont. Bevor man in südlicher Richtung am Deich entlangradelt, lohnt sich ein Abstecher zum Leuchtfeuer: Salzwiesen zu beiden Seiten, ein Zwitschern und Pfeifen im Vogelparadies. Zurück am Deich besteht die Qual der Wahl: außen oder innen entlangradeln? Landseitig pustet es meist weniger – je nach Windrichtung natürlich.

Außerdem verpasst man dort das Schild für einen möglichen Kaffeestopp im Landcafé éclair nicht. Unweit vom Deich lässt es sich ganz nett bei einem Apfelkuchen unter einem Apfelbaum sitzen (www.landcafe-eclair.de). Weiter auf dem Rundweg geht es links in die Koogstraße bis zur Süderheverkoog-Chaussee, denn das kleine, feine Poppenbüll steht auf dem Plan. Für alle, die es nach Deftigerem gelüstet, bietet sich De Kohstall als Alternative zum Landcafé an (www.de-kohstall.de). Ansonsten ist die kleine Kirche St. Johannis das

nächste Ziel, von außen hübsch und auf einer Warft gelegen. Wer sie von innen sehen will, muss den Schlüssel bei Familie Speer in der Königstraße 2 abholen. Poppenbüll mit seinen Katen und dem Dorfplatz auf der Wiese ist schon für sich eine Radreise wert. Von der Dorfstraße biegt man in den Johannisweg ein, eine gemütliche Strecke! Dann rechts und weiter über den Osterdeich. Ein kurzes Stück über die Marschchaussee, dann wird es wieder lauschig, denn der Weg führt parallel zum Kanal Norderbootfahrt aus dem 17. Jahrhundert.

Von der Kirche auf die Weide zu den Hochlandrindern: urige Wuschelköpfe, die es sich hier im saftigen Grün der Halbinsel Eiderstedt gemütlich gemacht haben.

Nun aber ab nach Tetenbüll, ins Dorf der Dörfer! Hier gibt es die Möglichkeit, durch rosenumrankte Gassen zu schlendern, den alten Kaufmannsladen Haus Peters sowie die Kirche St. Anna zu besichtigen und dem Café am Theatrium einen Besuch abzustatten, dem Eiderstedter Hotspot mit hoher Kompetenz in Trümmertorten (www.cafe-theatrium.tetenbuell.com). Käsefans legen noch einen Stopp bei der Friesischen Schafskäserei am Kirchdeich ein (www.friesische-schafskaeserei.de). Über Letzteren geht es dann zurück. In Osterhever wartet die Kirche St. Martin (den Schlüssel gibt es bei Herrn Schau in der Dörpstraat 8) und natürlich die wunderbare Kirche St. Stephanus in Westerhever, die ganzjährig geöffnet ist. Im Kirchspielkrug gleich daneben erwarten den Radfahrer Kuchen und Herzhaftes ... und manchmal auch der Kirchenschlüssel!

FAZIT: WER DIE SCHÖNE HALBINSEL EIDERSTEDT RICHTIG KENNENLERNEN MÖCHTE, SOLLTE SIE ERRADELN!

Hin & Weg: Mit dem Auto über die B5, auf die B202 abbiegen in Richtung Sankt Peter-Ording. In Garding rechts abbiegen, der Beschilderung in Richtung Westerhever Leuchtturm folgen.

Beste Zeit: April–Oktober.

Dauer & Strecke: Abhängig vom Aufenthalt an den Stopps. Die reine Fahrzeit mit dem Rad beträgt etwa 3–4 Std. für knapp 40 km, je nach Tempo.

Ausrüstung: Rad, etwas zum Trinken, Regensachen.

DER FARBIGE STEIN

… in Morsum auf Sylt

#40

An einem schönen Morgen bei gutem Licht, nicht zu spät und vor allen anderen um das Morsumer Kliff zu wandern, das ist wie eine Reise durch Ort und Zeit. Geschichte, die sich an Gesteinsformen und -farben ablesen lässt, in Schollen erstarrt. Hier wird jeder zum Hobby-Geologen!

#Kliffsensation #Gesteinskunde #Naturschutz #Schollemalanders

Stoff, der jeden Maler inspirieren würde! Und dabei handelt es sich doch nur um Steine. Farbige Steine. Das Morsumer Kliff trägt die Handschrift erdgeschichtlicher Entwicklung. Wer hier am Morgen entlangwandert, fängt im sogenannten Klein-Afrika an: Tertiäre Sande nennen die Geologen diese auffällig gelbe Fläche. Hier kann es aufgrund von Windverwirbelungen bis zu 50 Grad heiß werden! Danach führt der Weg rechts zwischen Watt und Kliff entlang und obenherum wieder zurück. Die Wege zu verlassen ist verboten, könnte das Kliff doch dabei beschädigt, die Erosion beschleunigt werden.

Am schönsten ist jener erste Teil der Wanderung, der den Blick immer wieder nach oben lenkt und den Betrachter vergessen lässt, wo er ist. Oder wann? Die rote Gesteinsschicht versetzt einen quasi nach Colorado oder Australien. Sechs bis vier Millionen Jahre altes Material. Einige Brocken haben sich gelöst, liegen vor dem Kliff wie Wanderer. Jemand hat ein übergroßes Herz in so einen Brocken geritzt – dabei fühlt sich der Stein gar nicht weich genug an, als dass man ihn bearbeiten könnte, jedenfalls nicht mit bloßen Händen. Rau und porös ist er.

Der letzte Sturm hat am Kliff genagt, Wurzelenden von Bäumen und Büschen stehen nach oben. Wie mag es hier sein bei Wind und

Ein Hauch Afrika oder Australien: Die orangefarbenen Gesteinsschichten erinnern an heißere Breitengrade und sind sage und schreibe vier bis sechs Millionen Jahre alt.

Wetter? Vermutlich ist der untere Weg dann überspült und ganz verschwunden. Bei trockenem Wetter ist der Matsch angetrocknet, festes Schuhwerk aber ist trotzdem angesagt. Hier und dort wurden typische kleine Steinpyramiden errichtet, Wandern macht eben kreativ. Auf der anderen Seite, am Ufer des Watts, wächst Schilf in die Höhe. Doch dahinter ist alles gut sichtbar, das Wattenmeer, der nördliche Zipfel der Insel. Diese Gegensätze! Hier der schroffe, uralte Stein, dort die Weite, der Blick bis List, das obere Ende von Sylt. Das typische Nordseelicht, die Wolken und die Dramatik in der Zeichnung des Gesteins, wellenförmig aufgebauscht und in dieser Bewegung erstarrt - in sogenannten Schollen.

Wer nach der Morgenrunde ums Kliff hungrig geworden ist, kann zum Beispiel im Garten-Café des Sylter Traditionsbäckers Jürgensen einkehren und es sich bei einem üppigen Frühstück gut gehen lassen (Terpstig 76 in Morsum).

FAZIT: WANDERUNG DURCH RAUM UND ZEIT. SCHÖNHEIT, DIE KREATIV MACHT. GEOLOGIE-UNTERRICHT INKLUSIVE.

Hin & Weg: Das Auto in Klanxbüll parken, mit dem Zug über den Damm bis Morsum fahren, den Schildern zum Kliff folgen.

Beste Zeit: Ganzjährig, solange hier kein Sturm fegt und der Untergrund trocken genug ist.

Dauer & Strecke: Etwa 2-3 Std., ca. 6 km ab Morsum Bahnhof und zurück.

Ausrüstung: Rucksack, etwas zum Trinken, feste Schuhe.

---

3. KAPITEL MINIURLAUB

Ferien für ein Wochenende

Wasser, Weite, unendliches Blau und Grün – was braucht es mehr für ein Wochenendabenteuer? Nur allzu oft vergessen wir, welch wunderbar wilde Natur direkt ums Eck wartet.

36H

→ MINIURLAUB …

IM RHYTHMUS DER GEZEITEN

… Radtour auf Pellworm

#41

Auf einer Insel wie Pellworm gibt es nur eine adäquate Fortbewegungsart: Radeln. Mittendurch und rundherum. Immer am Außendeich entlang, das Meer im Blick, oder das Innere entdecken. Beides lohnt sich.

Es war einmal eine Insel, die hieß Rungholt und wurde im 14. Jahrhundert vom Meer verschlungen. Heute noch kann man durchs Watt zu ihren Überbleibseln wandern. Den Schlick unter den Füßen quatschen hören, während rundherum die Spuren sichtbar werden. Von Pellworm aus ist es ein Katzensprung.

Das Leben auf der Marschinsel ist langsam. Die beste Gelegenheit, einfach mal runterzukommen, den Kopf freizukriegen. An Pellworms grünen Stränden baden, wenn die Nordsee sich die Ehre gibt. Oder einfach nur radeln, radeln, radeln. Von morgens bis abends. Die flache Insel scheint wie gemacht dafür. Wer ab und an etwas Abwechslung braucht, schnallt sich die Inlineskates an, zumindest gut geteerte Landwirtschaftswege im Inselinnern eignen sich zum Rollen. Pferdenarren reiten, Romantiker machen ein Picknick am Strand. Vor und hinter dem Deich ist das Radfahren am schönsten. Und die Pausen zwischendurch, (fast) allein unter Schafen, von denen es hier mehr zu geben scheint als Einwohner. Diese Idylle! Die Friesenkaten, die Rosensträucher, die grasenden Kühe. Der Hafen. Die Krabbenkutter. Aber das ist noch lange nicht alles.

Auf Pellworm widmet man sich schon seit 1983 den alternativen Energien. Wer nun ohne Plan über die Insel strampelt, wird irgendwann vor dem Solar-Café landen (www.solarcafe-pellworm.de). Dort kann sich jeder über das Problem der Stromspeicherung und über das Recyceln von Solarmodulen informieren. Und noch besser: eine Waffel essen – im Freien zwischen Lithium-Ionen und Solarmodulen. Oder im Café. Ein bisschen mit den Leuten schnacken. Zurück auf den Drahtesel, egal, welche

Waffeln im Solar-Café: Alternative Energien sind auf der grünen Insel Pellworm ein wichtiges Thema.

Richtung. Ziehen dicke Wolken auf, dann bietet sich einem am Himmel ein Spektakel. Doch mit etwas Glück bleibt es trocken und der Wind treibt die Wolken vor sich her gen Festland. Und genau so macht er es mit allem Stress.

FAZIT: WER EINMAL AUF PELLWORM LANDET, WIRD ES LIEBEN – ODER SICH LANGWEILEN.

Hin & Weg: Mit der Fähre ab Strucklahnungshörn auf Nordstrand.

Beste Zeit: Frühjahr–Sommer. Nur die Harten radeln auch im Winter.

Dauer & Strecke: 2–10 Tage, je nach Ruhebedarf, Rundtour ca. 25 km.

Ausrüstung: Fahrrad mitbringen oder vor Ort ausleihen (Momme von Holdt, Uthlandestraße 4, www.fahrraeder-pellworm.de). Im Sommer Badesachen nicht vergessen! Eventuell Inlineskates.

Wenn es Nacht wird: Stilecht nordfriesisch wohnen zwischen Obst- und Bauerngarten im historischen Gemäuer Silberhof, das schon mehrfach als Drehort diente (www.silberhof-pellworm.de).

3927
904

EINFACH MAL LANGSAM MACHEN

… auf Hallig Langeneß

#42

Viel zu tun gibt es auf Hallig Langeneß eigentlich nicht, doch gerade das ist ja das Gute. Einfach nur schlemmen, lesen und in die Pedale treten.

#LaDolceHalligVita #EsgibtkeinschlechtesWetter #Gummistiefel #Wind

Aktive, Leser und Genießer - verschiedene Typen von Halligbesuchern kommen auf Langeneß auf ihre Kosten.

Schafe und Kühe grasen friedlich auf den Fennen. Rundherum nichts als der Wind, der über die Landschaft fegt. Amrum und Föhr sind in Sichtweite, kein Deich schiebt sich zwischen Meer und Land. Das ist die Halligwelt. Still und wunderbar ist es im Herbst auf Langeneß. Die Schreie der Zugvögel in der Luft. Der ewige Wind streicht über das Meer. Und jeder Neuankömmling spürt: Da ist eine gewisse Lässigkeit der Zeit gegenüber, hier auf der Hallig. Einfach mal langsam machen. Gewürzt mit einer Prise Fatalismus, die in dem beliebten Satz der Einheimischen steckt: »Dann ist es eben so.« Das Wetter ändert sich im Stundentakt, und der nächste Sturm kommt bestimmt. Vor allem im Herbst.

Unter den Halliggästen lassen sich drei Grundtypen herauserkennen: Es gibt die Aktiven, die jede freie Minute an der frischen Luft verbringen, egal welches Wetter. Dieser Typus ist natürlich mit Gummistiefeln und Regencape ausgestattet. Dann sind da die Leser: Sie besetzen sämtliche Strandkörbe, liegen oder sitzen auf den Gartenstühlen vor ihrem Zimmer oder bei schlechtem Wetter im Café. In die dritte Kategorie fallen die Genießer: Sie ziehen die hochgradig gesunde Meeresluft hörbar tief ein, erfreuen sich ebenso laut und nicht selten am Ausblick und am kulinarischen Angebot.

Rundherum ist nichts als wundervolle Natur. Autos sind selten, Radfahren gilt als endemische Fortbewegungsart auf Langeneß, der größten und längsten der Halligen. Wer radeln will, fährt am besten dem Sonnenuntergang entgegen, Richtung Leuchtturm, dann rechts auf die Mayenswarf. Den aufgeschütteten Erdhügeln, die bei Überflutung Mann und Maus vorm Wasser schützen sollen, fehlt auf Langeneß das »t« am Ende. Irgendwo spielt vielleicht ein Schifferklavier, ertönen alte Seemanslieder. Durch den Wind kann man schon mal die doppelte Zeit für einen Rückweg brauchen. Aber wie gesagt, Zeit spielt nur eine Ne-

---

Hin & Weg: Das Auto in Schlüttsiel stehen lassen, mit dem Schiff auf die Hallig fahren.

Beste Zeit: Ganzjährig - es ist immer anders!

Dauer & Strecke: 2 Tage - oder so lange, wie man es aushält. Die Route ist ca. 9 km lang (einfach).

Ausrüstung: Bücher, Mütze, Regensachen, Windjacke, Gummistiefel.

Wenn es Nacht wird: Ein Zimmer im Ankers Hörn (www.ankers-hoern.de), mit Blick auf Weite, Watt und Wiesen. Die Nordsee zum Greifen nah.

benrolle. Zurück im Hotel bleibt eines bestehen: der Blick in die Ferne. Ruhend auf dem Meer. Und man muss unwillkürlich an den alten Friesenspruch denken: Rüm hart, klaar kiming – weites Herz, klarer Horizont.

FAZIT: UM DIE BATTERIEN AUFZULADEN, GIBT ES NICHTS BESSERES ALS EINEN TRIP AUF DIE HALLIG LANGENEß.

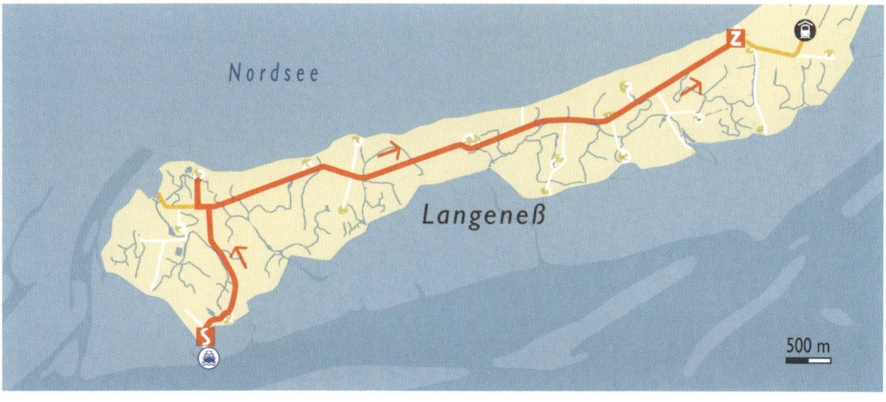

IM STRAND-KORB ÜBERS MEER

… von Rømø nach Sylt

#43

Zwei Länder, zwei Eilande voller Gegensätze, eine wunderbare Kombination: Rømø (dt. Röm), quasi die dänische Schwester von Sylt, und Sylt selbst, beziehungsweise der Norden davon – diese Insel hat ja so viele unterschiedliche Gesichter!

#Inselhopping #Meeresrauschen #Strandkorbträume #AusterninSicht

Ikonisch: Leuchttürme wie hier auf Sylt prägen die Region.

Nebelschwaden hängen über den Fennen Nordfrieslands auf dem Weg zur dänischen Grenze. Wie überdimensionierte Wellen aus Watte. Erst auf dem Damm nach Rømø sind sie verschwunden. Nur noch Marschwiesen, bis das Meer die Straße flankiert. Das dänische Rømø fällt für viele in die Kategorie »Lieblingsinseln«. Allein der kilometerlange wüstenartige Sandstrand ist eine Wucht! Ein Himmel voller Wölkchen über dem unendlichen Horizont. Das Meer ist stets präsent. Auf dem Sand parken, einfach loslaufen, ohne Schuhe. Baden, Muscheln untersuchen, nichts tun. Am Meeressaum entlangwandern. Oder auf einem Islandpferd galoppieren, genau dort. In Sønderstrand sehnsuchtsvoll dem Schiff hinterherschauen, das zur nächsten Insel fährt.

Sylt, die schöne Nachbarin. Warum also nicht spontan an Bord gehen? Das Lister Tief durchqueren, den Norden Sylts kennenlernen. Die Fähre, um Deutschlands nördlichste Insel zu erreichen, startet in Havneby (sprich: »Haunebü«). Inselhopping, Länderhopping. Für die drei, vier Kilometer Nordsee zwischen Havneby und List braucht das Schiff eine gute halbe Stunde, manchmal mehr. Allein wegen der Strandkörbe auf dem Sonnendeck lohnt sich die Überfahrt. Also schön einkuscheln und gucken. Langsam zieht das Schiff am Sylter Ellenbogen vorbei, der sich ihm als Landzunge aus Sand und Dünen entgegenstreckt. Wir sind da!

Der Sand der Westküste ist anders, gröber. Man darf die Dünen nur auf Trampelpfaden betreten. Naturschutz überall. Auch zur legendären Wanderdüne geht es nur auf gekennzeichneten Pfaden. Der »Ellenbogen« ist in Privatbesitz, man zahlt Eintritt. Dann wieder Sand unter den Füßen, Weite am Strand, auch wenn jene Großzügigkeit Rømøs fehlt. Doch das Rauschen der Brandung, das gibt es nur hier. Wenn das Meer selbst an stillen Tagen zieht und drängt. Man spaziert von der wil-

---

Hin & Weg: Mit dem Rad oder Auto nach Rømø, Sønderstrand. Das Schiff legt in Havneby ab.

Beste Zeit: Ganzjährig. Für Barfußläufer und Badenixen: Juni–September.

Dauer & Strecke: 2 Tage sind das Minimum. Die Ellenbogenwanderung ist ca. 10 km lang.

Ausrüstung: Badesachen, Regencape, Gummistiefel – je nach Wetter und Jahreszeit.

Wenn es Nacht wird: Hotel Strand am Königshafen, Hafenstraße 41, List, hotel-strand-sylt.de.

Weite Strände mit unzähligen Strandkörben prägen das Bild im Sylter Nordwesten.

den West- zur ruhigen Wattseite der Nehrung, findet Bäumchenröhrenwürmer, Krebse und Austern. Eigentlich eine gute Idee. Für frische Austern ist man im Norden der Insel nämlich goldrichtig. Waren Wildaustern vor weit mehr als 100 Jahren ein wichtiger Bestandteil der lokalen Wirtschaft zwischen Rømø, Sylt, Amrum und Föhr, kam es gegen Ende des 19. Jahrhunderts zur Überfischung. Heute isst man die berühmten Zuchtaustern der Insel in List. Zeit für einen kulinarischen Stopp an der blauen Austern-Stube Sylter Royal (www.sylter-royal.de) in der Hafenstraße von List.

FAZIT: RØMØ UND SYLT WIRKEN WIE EIN MEERUMSPÜLTES DUO, DAS SICH LANDSCHAFTLICH PERFEKT ERGÄNZT.

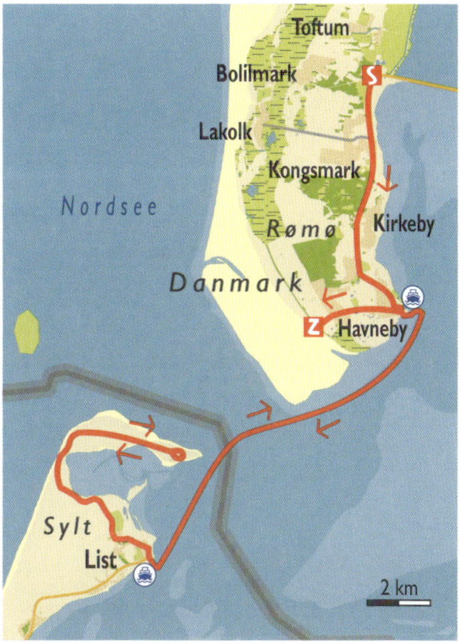

TANZ DER RINGEL-GÄNSE

… Vögel beobachten auf Hallig Hooge

#44

Wie zählt man eigentlich Vögel? Im Frühjahr sind Ringelgänse in rauen Mengen zu Besuch auf Hallig Hooge. Man hat hier also die beste Gelegenheit, um einfach einmal mitzuzählen!

#Forschergeist #Pfeifkonzert #Frühlingszeichen #OrnithologenimGlück

Kann Niedrigwasser zum Problem werden? Ja, nämlich dann, wenn man einen außergewöhnlichen Termin auf Hallig Hooge hat: ein Meeting mit Ringelgänsen, um 12 Uhr an der Schutzstation auf der Hanswarft. Der Ostwind sei schuld, heißt es dann. Stillstand im Watt am Fährhafen in Schlüttsiel. Wenn der Wasserspiegel aber sichtbar ansteigt und sich die Schiffe mit Verspätung in Bewegung setzen, dann ragen allmählich am Horizont die Warften von Gröde und Langeneß über dem Luftspiegel empor. Auf Hooge angekommen, gilt dann: schnell noch ein Fahrrad ausleihen und die Hanswarft anpeilen, Hotspot von Hooge.

Hier befindet sich die Schutzstation Wattenmeer. Der Leiter der »Expedition« hängt jedem Teilnehmer ein Fernglas um den Hals, und schwupps ist man in den aktuellen Ringelgans-Laienzähltrupp integriert. Unter der Ägide eines Nationalparkbetreuers erfahren die Teilnehmer mehr über die aktuelle Vogelwelt auf Hooge. Auf jedem Quadratmeter genug Stoff, um ein ganzes Buch zu schreiben: Lachmöwen, Küstenseeschwalben, Austernfischer, Brandgänse, Eiderenten, Heringsmöwen, Kiebitze, Rotschenkel, Säbelschnäbler, Lerchen und ganze Schwärme von Goldregenpfeifern.

Aber es geht ja um die Ringelgänse! Auf Hooge scheinen sie sich besonders wohl zu fühlen. »Rott rott rott«, singen sie hier und dort. Der erste Zählversuch startet auf einer Fenne mit einer relativ überschaubaren Anzahl von grasenden Vögeln. Der Trupp zählt beim Gucken durchs Leihfernglas, und der Profi mit Zähler und Spektiv. Was die Ringelgänse nun ausgerechnet auf die Halligen verschlagen hat, während am Festland vor allem Nonnen- und Brandgänse rasten, weiß der Nationalparkbetreuer auch: »Die Ringelgänse sind hier außer Konkurrenz und haben sich an den höheren Salzgehalt der Wiesen mit einer speziellen Drüse angepasst.« Hooge – ein Paradies für Ringelgänse ... und für Ornithologen. Und auch die unbedarfte Teilnehmerin kommt beim ersten Vogelkiek ihres Lebens langsam auf den Geschmack. Mehr noch. Gänsezählen auf Hooge, das ist wie eine Meditation.

Hin & Weg: Mit dem Schiff für eine Tagestour ab Schlüttsiel, Nordstrand, Amrum oder Sylt.

Beste Zeit: April, vor allem während der Ringelganstage. Mehr unter www.hooge.de.

Dauer: Ein Tagesausflug; lieber länger, um das Halligfeeling zu spüren.

Ausrüstung: Warme Kleidung, Mütze, eventuell eigenes Fernglas. Kamera nicht vergessen! Radverleih: www.hallig-hooge-urlaub.de/fahrradverleih

Wenn es Nacht wird: Einmal im Alkoven nächtigen? Das geht tatsächlich, und zwar im Haus am Landsende (www.landsende.de).

Die Stille der Hallig. Hooge ist ein Paradies für alle Ruhesuchenden - und Vogelbeobachter. Im April finden die Ringelganstage statt.

Tipp: Wer das Halligleben intensiver kennenlernen möchte, kann sich bei »Hand gegen Koje« bewerben. Für die ehrenamtliche Mithilfe im Alltag stellen die Hooger eine Unterkunft zur Verfügung Infos und Bewerbungsformular über www.hooge.de (Rubrik Gemeinde).

FAZIT: DER FRÜHLING IST DA, WENN DIE RINGELGÄNSE TANZEN – UND MAN BEIM ZÄHLEN EVENTUELL DEN ÜBERBLICK VERLIERT, ABER TIERISCH GUT ENTSPANNT.

MIT ESELN WANDERN

... in Brodersby an der Schlei

#45

Alles ist neu, alles ist anders, wenn man plötzlich einen Esel an der Leine hat. Das Gute ist: Der neue Begleiter scheint die Ruhe selbst zu sein. Wenn er nur nicht so verfressen wäre!

#100%Entschleunigung #Eselmachenglücklich #Kraulenerlaubt

Esel sind Gruppentiere: Auf Wanderungen in Brodersby sind immer mindestens zwei von ihnen dabei.

Auf der Eselkoppel in Brodersby, da stehen sie, necken sich gegenseitig und schauen neugierig auf die Gäste. Mitten unter den Eseln eine Frau: Barbara Becker wählt die Teilnehmer der Wanderung aus und legt ihnen das Geschirr an. Alle Touren beginnen hier, egal, ob sie drei Stunden oder drei Tage dauern.

Plötzlich geht da ein Esel neben einem, was für ein seltsames Gefühl! Und wie langsam es vorangeht! Erst nach ein paar Stunden hat man so etwas wie ein Gefühl für diese besondere Art des Wanderns bekommen. Ein Gefühl für den Rhythmus des Tieres. Für die Langsamkeit. Und vor allem für »seinen« Esel, denn natürlich ist jeder anders, hat seinen eigenen Charakter. Da ist zum Beispiel Uwe, ein gutmütiges Kerlchen! Über eine Leine verbunden geht man also ein Stück des Lebensweges gemeinsam. Am Anfang kommt es zu Unstimmigkeiten, Unsicherheit macht sich breit. Wieso bleibt Uwe ständig stehen und frisst? Hat er vorher nicht genug gekriegt? Doch mit der Zeit erfährt man, wie so ein Esel tickt.

Die Strecke rund um die Schlei – eine Wonne. Während der Eiszeit bildete sich der heutige Ostseearm als glaziale Rinne heraus. Rundherum spaziert es sich wie durch eine Bilderbuchlandschaft, geformt in sanften Wellen. Mit Waldstücken, wogenden Weizenfeldern und duftenden Wiesen. Wer rasten will, findet auf dem Weg einige Cafés – die Wanderpartner warten dann brav draußen auf dem Eselparkplatz. Auch Uwe würde am liebsten ständig seiner größten Leidenschaft frönen

und das saftige Gras vom Wegesrand fressen. Das gilt es aber zu verhindern – wenn man nicht will, dass Uwe krank wird. Hat man sich einmal durchgesetzt, dann klappt es besser, wobei statt strenger Worte jedoch gilt: Der Esel braucht keinen Chef, er braucht einen Freund. Was wir anstreben, nachdem die Sache mit dem Futter so einigermaßen geklärt ist, ist eine Wanderpartnerschaft. »Esel sind Gruppentiere«, hatte die Eselflüsterin gleich zu Anfang erzählt. »Es sollte nie einer allein zurückbleiben.« Also gehen entweder zwei mit auf die Wanderschaft oder gleich alle vier, die ganze Gang aus Brodersby. Und auf dem Rückweg dann, wenn der Wandertrupp quasi in Hörweite ist, ertönt ein laustarkes Begrüßungskonzert der Daheimgebliebenen. Das ist die pure Wiedersehensfreude!

Hin & Weg: Die Eselkoppel liegt in Brodersby am Strandweg – also fast direkt an der Schlei (www.eselkoppel.de).

Beste Zeit: Wandern hat zu jeder Jahreszeit seinen Reiz. Und die Esel gehen auch ganzjährig raus – außer wenn die Wege vereist sind.

Dauer & Strecke: Die 10 km lange Tour geht über 6 Std. inklusive Pause. Esel gehen gemächlich! Wer mehr Zeit einplant – vielleicht 2 oder 3 Tage –, lernt es besser, sich auf die Tiere einzustellen.

Ausrüstung: Wanderschuhe, Rucksack, etwas zum Trinken. Cafés liegen auf dem Weg, die Wanderpartner warten dann brav draußen auf dem Eselparkplatz.

Wenn es Nacht wird: Einfach bei der Eselkoppel nachfragen; lässt sich gleich mitorganisieren.

FAZIT: DIE SCHLEI IST GANZ ANDERS, WENN MAN SIE AUS EINER VIERBEINERPERSPEKTIVE KENNENLERNT. WER ERFAHREN WILL, WIE MAN WIRKLICH LANGSAM WANDERT, SOLLTE DAS AUSPROBIEREN.

Sturmflut Wasserstände
03.Jan.1976
NN+5,37 Anatol 03.Dez.1999
NN+5,21 16./17.Febr. 1962
NN+5,10 3./4. Febr. 1825
NN+5,01 16. Febr. 1916

MEHR MEER

… Radtour in Schobüll

#46

Nordfrieslands Küsten sind durch Deiche geschützt. Nur an einer einzigen Stelle darf der Blick frei vom Land übers Meer schweifen: in Schobüll.

#Schobüll4ever #FreieSichtfüralle #SpaßimWatt #MehrMeergehtnicht

Magische Momente an der Seebrücke – unbedingt Zeit mitbringen!

Schobüll. Ein Ort, für den man sich Zeit nehmen sollte. Zeit für einen Spaziergang. Zeit, an der Seebrücke zu sitzen und nach Nordstrand hinüberzuschauen. Im Schlick zu baden, oder, wenn Flut ist, eben in der Nordsee. Tage und Nächte am Meer genießen, denn vom hiesigen Campingplatz aus hat man freie Sicht aufs Wasser und die Insel Nordstrand.

In Schobüll ist die Geest direkt an die Nordsee gerückt. Skovbøl heißt es im Dänischen, »Walddorf«. Und der zu Husum gehörende Ort hat tatsächlich einen eigenen Wald – nicht gerade häufig in Nordfriesland. Der mit bis zu 31 Metern über Normalnull fürs flache Land recht hoch erscheinende Schobüller Berg ist zum Beispiel bei einer Schiffstour aus der Ferne gut zu identifizieren. Wie eine Fata Morgana schwebt er über dem Wasser. Das ist aber nicht die einzige Besonderheit von Schobüll. Es ist der einzige Ort an der nordfriesischen Küste ohne Deich. So erfreuen sich die etwa 1600 Einwohner tagtäglich am unversperrten Meerblick. Wenn das Wasser denn da ist. Ansonsten glitzert das Watt wie eine Andeutung von der See in der Sonne. Man sollte es hier ruhig angehen, gemächlich.

Die Hafenstadt Husum, zu der Schobüll gehört, kann man getrost auch mal links liegen lassen und lieber im Wald spazieren. Um dann den nächsten Deich zu finden, läuft man am besten am Watt entlang. In Schobüll kann man glücklich am Meer sein – und im gleichnamigen Lokal ein Stück Kuchen oder eine Pizza essen (www.gluecklich-am-meer.de). Vielleicht besucht man auch noch das stämmige Kirchlein aus dem 13. Jahrhundert. Oder

schmunzelt über dieses Zeichen eines starken Selbstbewusstseins, den Aufkleber am Kiosk: Schobüll statt Sylt. Klar, unbedingt!

Hin & Weg: Mit dem Auto über die B5 bis Husum, links abbiegen nach Schobüll.

Beste Zeit: Ganzjährig. Für Camper: März-Oktober.

Dauer: 2 Tage oder länger.

Ausrüstung: Zelt, Rad, Badesachen.

Wenn es Nacht wird: Der Campingplatz mit Namen Seeblick hält, was er verspricht (www.camping-seeblick.de).

FAZIT: ES MUSS NICHT IMMER SYLT SEIN. VOR ALLEM NICHT, WENN MAN SCHOBÜLL HABEN KANN.

STERNE ZÄHLEN

... auf Föhr

#47

Romantiker, gehst du nach Wyk, Utersum oder Nieblum? Gleich dreifach ist die Chance, ganz gemütlich eine Nacht mit Meeresrauschen zu verbringen – nämlich in einem Schlafstrandkorb auf der schönen Insel Föhr.

#FürRomantiker #Sternenzauber #SchlafliedvomMeer #EinHauchvonAbenteuer

Ein Schlafzimmer direkt am Strand: Im Schlafstrandkorb kann man die Nacht gemütlich am Meer verbringen.

Schauen Sie genau hin: Dieser »Korb« ist nämlich nicht wie die anderen um ihn herum. Es sieht fast so aus, als hätte jemand einen übergroßen Schlitten auf Kufen an den Strand gezaubert. Einen Schlitten mit Verdeck und einem gewissen Komfort. Oder ist es ein Ufo, das auf der Insel gelandet ist und sich unter die bunten Strandkörbe gemischt hat? Das Verdeck lässt sich öffnen. Alles, was man dazu braucht, ist der richtige Schlüssel. Sesam öffne dich, der »Deckel« lässt sich mit einem Griff nach oben klappen. Darunter steckt ein geräumiger, länglicher Strandkorb – zum darin Sitzen, Liegen, Reden, Sinnieren, Philosophieren, Nächtigen. Allein. Zu zweit. Aber Vorsicht, das kann ziemlich romantisch werden! Im Korb am Strand, das Meer zu Füßen, die Dünen im Rücken.

Bei Ebbe kann man ins Watt laufen, stundenlang. Emsigen Wattwürmern beim Formen von Sand-Spaghettis zuschauen. Muscheln sammeln. Im Schlick baden, oder bei Flut in der Nordsee. Hinter den Dünen duschen. Dem Soundtrack des Strands lauschen: das sind am Tag die Stimmen der Mütter, Kinder, Väter, Seevögel. Manchmal tutet ein Schiff in der Ferne. Nachts hört man nur noch das Fiepen, Zirpen, Kreischen, Rufen der Vögel vor dem leisen Plätschern der Wellen.

Der Mond geht auf. Bei klarem Himmel muss man stundenlang Sterne betrachten! Da, eine Sternschnuppe! Jetzt einzuschlafen wäre eine Sünde. Bei Wind oder Regen lässt sich das Verdeck schließen, und man kann durch die seitlichen runden Fenster sehen. Echtes Zelt-Feeling macht sich breit. Die Nacht ist kurz, wenn man morgens als Erster baden will.

Fragt sich nur noch: Welcher der drei Schlafstrandkörbe soll es sein? Sie sind alle gleich, stehen jedoch an unterschiedlichen Orten. In Nieblum zeigt sich die Nordsee von ihrer ruhigen Seite, ohne heimtückische Strömungen. Utersum hingegen bietet den besten Sonnenuntergang der Insel. Und Wyk? Dort ist am meisten los, das nächste Café nie weit ent-

---

Hin & Weg: Mit der Fähre von Dagebüll nach Föhr. In Wyk bleiben oder per Rad nach Nieblum oder Utersum fahren.

Beste Zeit: Sommer

Dauer: 1 Nacht/2 Tage.

Ausrüstung: Rad mitbringen oder ausleihen (alle Vermieter unter www.foehr.de/fahrradverleihe). Das Gleiche gilt für Bettwäsche, Decke, Kissen.

Wenn es Nacht wird: Mehr über die Strandschlafkörbe unter www.foehr.de/schlafstrandkorb

---

Bei klarem Himmel die Sterne beobachten, bei Wind und Regen das Verdeck schließen: Die Strandkörbe lassen sich im Handumdrehen an verschiedene Wetterlagen anpassen.

fernt. Doch auch vom Nieblumer Strand sind es nur zehn Minuten mit dem Rad bis ins Dorf. Schnuckelige Reetdachkaten in allen Straßen. Überhaupt ist Radfahren die wohl beste Fortbewegungsart auf der Insel. Und am Strand? Nur noch barfuß.

FAZIT: EIN ERLEBNIS DER KATEGORIE »BESTE NACHT DES LEBENS«. AM LIEBSTEN VERBRINGT MAN SIE HIER BEI WINDSTILLE UND KLAREM HIMMEL.

ALLES IM FLUSS

… beim Radwandern am Nord-Ostsee-Kanal

#48

Schöner kann man kaum radeln als auf den Dienstwegen des Nord-Ostsee-Kanals, rechts oder links der Wasserstraße. Und mit den dicken Pötten um die Wette fahren.

#DickePötte #Kanalliebe #WindimHaar #KontaktbörseKanal

Mit den Kähnen um die Wette fahren oder einfach mal die Seite wechseln: Radeln am Kanal ist nie langweilig.

Egal wann man vorbeikommt: Die Angler sind schon da. In kleinen Buchten sitzen sie mitten im Grün, Blickrichtung NOK – Nord-Ostsee-Kanal. Doch sie gehören nicht zu denen, die einfach nur Schiffe gucken. Kleine Segler, Frachtkähne mittlerer Größe, riesige Containerschiffe. Schwimmende Dörfer, die abends leuchten, die Luxusliner. Manch andere hier wissen genau, wann welches Kreuzfahrtschiff vorbeizieht. Sie sind quasi Profis, die wartend vor ihren Campern sitzen. Stets gut gelaunt, wenn man vorbeiradelt.

Zum Radwandern sind die Uferwege rechts und links des Kanals ideal. Zum Beispiel von Brunsbüttel bis Schafstedt, die grüne Dithmarscher Strecke. Immer geradeaus zu fahren wäre eine Sünde. Wer sich in puncto Geschwindigkeit genug mit den vorbeiziehenden Kähnen gemessen hat, sollte gelegentlich vom Weg abweichen. Sich in die Details vertiefen. Gleich in der Nähe der ersten Fähre die erste Möwe entdecken, die am Wasser brütet. Wunderbar auch die schwimmenden Brücken, kleine Fähren, die stetig hin und her pendeln. Die B5 schwingt sich elegant als Brunsbütteler Hochbrücke in die Lüfte, während der Radler untendrunter durchstrampelt. Oder, ein Stückchen weiter, die Eisenbahnbrücke von Hochdonn, ein Wunderwerk der Technik. Dazwischen der Kudensee, ein Naturschutzgebiet und Vogelparadies. Glücklich, wer ein Fernglas im Gepäck hat und sich den Kiebitz nah heranholen, ihm auf die Haube schauen kann.

Wieder zurück auf dem Plattenweg: In Hochdonn reiht sich Camper an Camper, es wer-

---

Hin & Weg: Mit dem Auto in Richtung Brunsbüttel, auf dem Parkplatz (neben der zweiten Kanalfähre von Brunsbüttel) den Wagen abstellen. Alternative: Bahn & Bike bis Brunsbüttel.

Beste Zeit: April–Oktober, Hochsaison und Wochenenden meiden.

Dauer & Strecke: Man könnte die 27 km von Brunsbüttel bis Schafstedt in 3 Std. erradeln, doch so zu hetzen wäre dann doch etwas schade. Besser ist es, mindestens 2 oder 3 Tage für den halben NOK einzuplanen – etwa bis Breiholz. Wer die ganze Route bis Kiel radeln möchte, sollte hingegen etwa 6 Tage veranschlagen.

Ausrüstung: Rad, bequeme Kleidung, etwas zum Trinken und Proviant. Eventuell Zelt. Im Sommer auch Badesachen.

Wenn es Nacht wird: Bio-Eier, Biergarten, Reparaturstation und Kanalblick gibt es im Hotel Kanal 33 (www.kanal33.de). Am Breiholzer Eiderstrand lässt es sich recht originell im Rumfass oder Hausboot nächtigen (www.bootsmann-lodge.de).

den wieder Schiffe gespottet. Kleine Segler ziehen vorbei, während man die Badebucht »Klein-Westerland« ansteuert. Ein bisschen schwimmen? Sonnen? Nichts tun? Später ein Abstecher nach Schafstedt, zu diesem historischen Dorf mit einer 350 Jahre alten Eiche in der Mitte. Kaffeestopp im Kerzenhof (www.kerzenhof-dithmarschen.de). Wobei die Picknickplätze auf der NOK-Route natürlich beste Ausblicke bieten. Ebenso wie die Übernachtungsmöglichkeiten hier, vom Campingplatz bis zum kleinen Hotel direkt am Kanal, das auch eine Reparaturstation für Radler bietet.

FAZIT: RADELN AM KANAL MACHT GUTE LAUNE UND NEUE FREUNDE BEIM SOCIALIZING UNTER SCHIFFSPOTTERN.

AUSZEIT IN BLAU-GRÜN

... in Friedrichstadt

#49

Eine Stadt zwischen zwei Flüssen, hübschen Kanälen und einem Hafen kann nur holländischen Ursprungs sein. Und das ist Friedrichstadt mit seinen Giebeln und Grachten in der Tat. Über ein Wochenende an und auf dem Wasser.

#AlleFarbenBlau #EinHauchvonHolland #Grachtenliebe #Frischluft

An den Kanälen von Friedrichstadt fühlt man sich fast wie in Amsterdam.

Am schönsten ist es, an warmen Sommerabenden über die Kanäle zu schippern. Sich im Rhythmus der Wellen zu wiegen. Genau dann, wenn die Stille nach Friedrichstadt zurückkehrt. Wenn die Ausflugsboote ihren Dienst beendet und die Tagestouristen das Weite gesucht haben. Wenn es nur noch ein paar Stand-Up-Paddler auf den ruhigen Gewässern gibt, die das alte Holländerstädtchen umgeben und durchziehen. Am Abend oder auch am frühen Morgen, das ist die beste Zeit. Fast egal erscheint es jetzt, ob man im Kajak, Kanu oder Ruderboot seine Runden zieht. Ob man paddelt oder sich treiben lässt. Auf Du und Du mit den Enten zu sein, das ist jetzt möglich. Und plötzlich hüpft ein Fisch aus dem Wasser. Er scheint sich wohlzufühlen, wenn sich die ersten oder auch die letzten Sonnenstrahlen auf dem Wasser brechen und durch die Trauerweiden blinzeln.

So ruhig, so schön. Impressionen am Kanal.

Um diese Momente zu erleben, muss man schon die Nacht in Friedrichstadt verbringen. Etwa auf dem Campingplatz direkt an der Treene. Dann erlebt man das wahre Friedrichstadt, das als vielleicht romantischster Ort der gesamten Gegend gilt. Ein Grund dafür könnte sein, dass sich hier die schönsten Rosen vor meist historischen Fassaden emporranken. Vielleicht liegt es aber auch daran, dass einige der Fassaden windschief in die Höhe ragen. Oder weil sie sich so schön im Wasser spiegeln. Friedrichstadt schimmert im Abendlicht. Wenn an den Ufern Eis geschlemmt wird oder man sich küsst. Tagsüber hingegen sind alle Strecken, die aus dem Städtchen hinausführen, genauso wunderbar. Mal kurz schwimmen gehen im Freibad der Treene, dann circa acht Kilometer hinauszurudern bis Schwabstedt oder weiter. Abends wieder im Dorf sein und das Licht genießen.

Am nächsten Tag kann man die mäandernde Eider entlangpaddeln, zwischen Deichen und grasenden Schafen, unter Brücken hindurch. Diese Ruhe! Den ganzen Tag an der frischen Luft, je nach Lust und Laune mal anlegen und sich ein Weilchen im Gras ausruhen. Das Rauschen des Windes in den Bäumen. Ein Pick-

---

Hin & Weg: Über die B5 bis zur B202 in Richtung Friedrichstadt.

Beste Zeit: Juni-August.

Dauer: 2-3 Tage.

Ausrüstung: Sonnencreme, Hut, Sonnenbrille, Badesachen, Wasser, Picknicksachen.

Wenn es Nacht wird: Nicht nur bei den dänischen Gästen beliebt ist der Eider-Treene-Campingplatz (www.treenecamp.de) direkt hinterm Deich. Abends wird man vom »Möäh« der Schafe in den Schlaf gesungen.

nick am schönsten Uferplatz? Unbedingt! Also wird an der Eider gezeltet. Und die Kanus, die kann man am Eider-Treene-Campingplatz auch gleich ausleihen. Eindeutig die beste Fortbewegungsart im Holländerstädtchen, das vom Wasser umzingelt ist.

FAZIT: »IMMER EINE HANDBREIT WASSER UNTERM KIEL«, HEIẞT DAS MOTTO DIESES EBENSO CHILLIGEN WIE ENTSPANNTEN WOCHENENDES.

DER DUFT VON HEU

… eine Nacht in Stadum

#50

Wo sich Hund und Katze »Gute Nacht« sagen, wird ein Kindertraum wahr: endlich mal im Heu übernachten. Der Hahn kräht, und nebenan blökt ein Schaf.

Frische Landluft, ein weiches Strohbett und ein bisschen Großfamilienfeeling – Balsam für die Seele.

Mittelweich gebettet.

Dieser Duft! Der intensive Geruch des Heus ist überall. Und später auch die piksenden Halme, die sich durch die Decke bohren. Doch im einstigen Kälberstall nimmt sich der Heuboden komfortabler aus als gedacht. Das Abteil ist gut gepolstert und geräumig. Am besten betritt man es gleich mit nackten Füßen, um schon mal ein Feeling für das Material zu bekommen. Und um sein Bett für diese ungewöhnliche Nacht einzurichten. Decke, Kissen, Bettzeug, alles selbst mitgebracht. Viele ziehen aber einen Schlafsack vor. Auf dem Heuboden geht es zu wie im Klassenzimmer, wenn man mit vielen weiteren Erwachsenen und Kindern hier nächtigt. Ob das wohl eine ruhige Nacht wird? Die meisten schlafen zu mehreren in einer Bucht, da wirkt das Single-Abteil wie wahrer Luxus. Um zehn Uhr abends sei Nachtruhe, heißt es gleich zu Beginn.

Alle lernen sich beim gemeinsamen Essen kennen, denn der Hausherr hat gegrillt, und die Chefin hat sich den Kartoffeln, Salaten und dem Gemüse gewidmet. Mit Erfolg! Man speist miteinander, tauscht Gedanken, Erwartungen, Befürchtungen hinsichtlich der Nacht aus. Anschließend kann die Kinderhorde im Spielbereich eines ehemaligen Laufstalles toben. Familie Clausen-Hansen hat hier zuvor Kühe und Kälber gehütet, heute nimmt eine Spiellandschaft aus Stroh- und Heuballen den größten Teil des Stalls ein. Das reinste Kinderparadies! Schafe blöken, Ziegen klettern durch ihr Gehege und gucken frech.

Es wird Zeit für eine kleine Runde mit dem Rad. Gleich um die Ecke liegt der Langenberger Forst, der größte und schönste Wald Nordfrieslands. Er ist wie geschaffen zum Wandern, Joggen und für Nordic Walking. Alternativ könnte man gemütlich unterm Apfelbaum der Heuherberge schmökern, wenn es warm genug ist.

Im Hintergrund das gelegentliche Kikeriki der Hähne des Hofs. Doch sie sind es nicht, die einen in der Früh wecken. Eher die Sonne, wenn man vergisst die Gardinen zuzuziehen. Wenn so nach und nach die Nachbarn wach werden, tauscht man sich über die Bequemlichkeit von Heukojen aus – und darüber, dass die Nacht vielleicht doch viel ruhiger war als erwartet. Fazit: mittelweich bis hart.

Frühstück ist fertig! Und der Appetit nach einer Nacht im Heu ist riesig. Oder liegt es an der guten Landluft? Im Speiseraum herrscht eine lockere Atmosphäre – fast wie in einer Großfamilie. So eine gemeinsame Nacht im Heu schweißt selbst Fremde zusammen. Und fast wehmütig werden die Sachen wieder gepackt. Doch hier und da schleicht sich ein Heuhalm als Erinnerung ins Gepäck.

FAZIT: RUSTIKALE ROMANTIK BREITET SICH BEIM »BADEN« IM HEU AUS. FAST FÜHLT MAN SICH WIE EINE KUH IM STALL.

Hin & Weg: Eine kleine Stichstraße der B199 zwischen Leck und Stadum führt geradewegs zur Heuherberge.

Beste Zeit: Von Ostern bis Ende der Herbstferien.

Dauer: 1 Nacht oder mehr.

Ausrüstung: Schlafsack oder Bettzeug und eine Taschenlampe.

Wenn es Nacht wird: Infos zu Unterkünften gibt es unter www.heuherberge-nf.de

---

TANZ DER STARE

… an der deutsch-dänischen Grenze

#51

Im Herbst kommen sie in Scharen zum Futtern an die Nordseeküste und tanzen eine Art Ballett am Himmel: die Stare. Vor allem das Watt an der dänisch-deutschen Grenze gilt als Hotspot für die Singvögel.

#Himmelsballett #SortSol #TopChoreografie #WeltderStare

Das gemütliche Städtchen Tønder.

»Sort Sol« nennen die Dänen es, schwarze Sonne. Und sie lieben es, wenn die Stare zu Zehntausenden an die südwestjütländische Küste kommen. Wobei man nie so genau weiß, wo sie sich treffen, manchmal passiert das auch im grenznahen Nordfriesland. Beim ersten Mal empfiehlt es sich daher, an einer der zweisprachigen Touren teilzunehmen, die in Tønder starten. Die Tour-Guides verwenden viel Zeit und intensive Recherchen, um ihre Gäste an den richtigen Ort führen zu können. Erfolg ist dabei allerdings nicht garantiert, vor allem dann nicht, wenn man auf gut Glück loszieht. Die Stare, die sich im Frühjahr und Herbst im Schilf des Wattenmeeres zum Schlafen niederlassen, suchen sich nämlich selten an mehreren Tagen hintereinander denselben Platz aus.

Fließende, schwungvolle Bewegungen am Himmel: Stare in Aktion.

Die Safari führt per Bus ins Grenzgebiet. Das Ziel des Ausflugs kann zum Beispiel Aventoft auf der deutschen Seite der Grenze sein. In der Nähe des Deiches parken auch schon einige dänische Busse und Leute steigen auf den Deich vor dem Schilfgebiet des Wattenmeeres.

Man sitzt gemütlich auf Campingstühlen oder Styroporunterlagen, in der Hand ein Fernglas oder ein Gläschen Wein, und sieht gespannt in Richtung Himmel. »An die 700.000 Stare werden wir sehen«, prophezeit der Guide. Doch sie kommen nicht alle auf einen Schlag, einige besonders schnelle Vertreter erscheinen bereits vor 18 Uhr. Die Stare kommunizieren untereinander mit den Flügeln und der Stimme. Wenn sie dann aus allen Richtungen eintreffen, geht es lauter zu als auf einer Kirmes.

Das Ballett am Himmel hat begonnen – es schwingt, es schwebt, es wippt. Flotte Wellenbewegungen entstehen in der Luft, jeder Schwarm erzeugt ein akzentuiertes »Wusch«, ein Geräusch aufeinander abgestimmter Bewegung. Die Vogelschwärme vereinigen sich zu einer Masse schwarzer Punkte in ständiger Veränderung, die mal wie ein Wal, mal wie ein einziger Riesenvogel wirken. Oder wie eine Qualle, ein Ball, ein Käfer, ein Kamel. Amorphe Strukturen, die dahinschmelzen und sich wieder neu gießen – ein bisschen wie der Tanz der Polarlichter, nur ohne Farbe.

Diese perfekte Performance ist nichts anderes als eine Verteidigungsstrategie gegenüber Raubvögeln. Dabei hilft nicht nur die Masse, sondern auch die Geschwindigkeit, denn die

Stare bringen es auf bis zu 80 Kilometer pro Stunde. Ab und an ist ein Wanderfalke zu sehen, der versucht, unter den Staren zu jagen. Irgendwann ist der Höhepunkt der Performance erreicht und die meisten der Tiere haben sich unter heftigem Gezwitscher und Gepiepe auf dem Schilf niedergelassen. Was für ein Konzert, was für eine Energie, was für ein Spektakel. Es kann morgens oder abends passieren, der Zeitpunkt variiert, immer abhängig von Licht und Wetter. Und alle sitzen mit großen Augen da, fasziniert von der grandiosen Sondervorstellung am Himmel.

Tipp: Nach den Staren kommt der Genuss. Ein guter Ort zum Einkehren ist das Klostercafeen unter der Marktlinde (Torvet 11, www.klostercafeen-toender.dk). Unbedingt den typischen Roggenbrotkuchen der Gegend probieren, Rugbrødslagkage, eine Art Schichtkuchen mit Johannisbeermarmelade und Sahne. In dänischen Häusern wird er in Tortengröße hergestellt, während er in den Cafés meist portionsweise zubereitet wird. Der Roggenbrotkuchen kann auch Bestandteil der südjütländischen Kaffeetafel sein, etwa von April bis Oktober im Fruens Vilje in Højer, Ved Gaden 3.

NOCH NIE HAT BLOßES HERUMSITZEN UND GUCKEN AM DEICH SO GLÜCKLICH GEMACHT. DIE SORT SOL, DAS IST GROßE KUNST AM HIMMEL, UND MUTTER NATUR IMMER NOCH DIE BESTE KÜNSTLERIN.

Hin & Weg: Mit Auto oder Bahn nach Tønder, Dänemark. Anfänger sollten beim ersten Mal eine Tour bei Sort Safari buchen (www.sortsafari.dk). Meist gibt es gute Tipps für den nächsten Tag gratis. Man kann die Gegend auch wunderbar mit dem Rad erkunden.

Beste Zeit: Für Sort Sol im März, September, Oktober

Dauer: 2 Tage oder länger.

Ausrüstung: Warme Kleidung, Fernglas, etwas zu trinken. Eventuell Gummistiefel.

Wenn es Nacht wird: Ab nach Møgeltønder, ein Dorf in der Marsch, und ein romantisches Zimmer im Schackenborg Slotskro auswählen (Slotsgaden 42, www.slotskro.dk).

BLAUE STUNDE IN DEN DÜNEN

… auf Amrum

#52

Wer die Nordsee wahrhaft liebt, mag auch ihre Wintertage. Die Einsamkeit, das Raue, die Dunkelheit. Doch wenn die Tage im März noch kurz sind, muss man bis zur blauen Stunde nicht lange warten!

#VomWindeVerweht #EndloseWeiten #Dünenglück #Sandtänze

Wenn der Mond aufgeht.

Wer will schon nicht das nächste Schiff nehmen, wenn er am Meer steht? Ab auf die Insel – auch im Winter. Oder gerade im Winter. Erst rauschen sie vorbei, dann tanzen sie vor dem Fenster der Fähre: Schneeflocken. Und das hier, in Nordfriesland, oft noch im März. Grau in Grau das Meer, die Küste, der Himmel. Eisflächen statt grüner Warften, Häuser on the rocks. Im schnellen Tempo zieht das Schiff an den Halligen Oland und Langeneß vorbei. Auf der anderen Seite die Insel Föhr. Wenn irgendwann Sonnenstrahlen durch die Wolken brechen: Lichtblicke, reflektiert von den Wellen. Das Schöne am Inselurlaub ist, schon während der Fahrt übers Meer zu entspannen.

Vom Anleger in Wittdün geht es in den Norden der Insel, das Ziel heißt Norddorf. Von dort aus sollte man die Odde erkunden und gleich einmal außenrum laufen. Ein Gefühl für die Weite dieser Landschaft bekommen, die sich hinter dem Horizont über dem Meer ins Endlose dehnt. Ein Päuschen an der Spitze machen und Seevögel identifizieren, denn die Odde ist Naturschutzgebiet. Einmal nach Föhr hinüberwinken, das zum Greifen nah erscheint. Und wieder zurück nach Norddorf. Sich beim Saunieren und Schlemmen wieder aufwärmen.

An Tag 2 warten die Norddorfer Dünen und der Kniepsand. Am besten von Norddorf aus zur Vogelkoje wandern, dann in Richtung Leit- und Quermarkenfeuer. Merke: Der beste Weg vom und zum Strand geht immer über die Holzbohlenwege durch die Dünen. Aussichtsdünen laden zum Verweilen ein. Das Dünengebiet ist nicht unbewohnt: Häufig trifft man auf Langohren. Es sind die Nachfahren der Wildkaninchen, die um 1230 vom dänischen König auf Amrum »eingebürgert« wurden.

Endlich am Kniepsand! Wie eine Wüste liegt er da. Scheinbar ununterbrochen peitscht der Wind den Sand in die Höhe, helle Schlieren bilden sich über dem Boden. Der schlingernde Sand scheint zu tanzen. Körner im Geschwindigkeitsrausch, die der weiten Fläche eine Dynamik verleihen, dass einem fast schwindlig wird. Vielleicht ist das der Moment, in dem ein wildes Gefühl von Freiheit aufkeimt. Genau hier, auf dem Kniepsand, nimmt es von einem Besitz, füllt einen bis in die Fingerspitzen aus.

Gesättigt, zufrieden und ein bisschen verfroren? Dann geht es in nördlicher Richtung über

---

Hin & Weg: Mit der Fähre von Dagebüll nach Wittdün. Per Pendelbus oder Taxi vom Fähranleger in Wittdün nach Norddorf fahren. Viele Hoteliers bieten einen Abholdienst.

Beste Zeit: Eigentlich immer. Unverwüstliche ziehen den Winter vor, wenn die Insel schön einsam, quasi im »Naturzustand« ist.

Dauer & Strecke: 2 Tage oder länger. Für beide Wanderungen sind jeweils drei Stunden mit Verschnaufpausen anzusetzen. Die erste geht über 10 km, die zweite über gut 7 km.

Ausrüstung: Mütze, Schal, Handschuhe, Wollunterwäsche!

Einkehren: Restaurant Strand 33 in den Norddorfer Dünen, Strunwai 33 (www.strand33.de)

Wenn es Nacht wird: Entspannen im »Seeblick Genuss & Spa Resort« in Norddorf (www.seeblicker.de). Saunieren zum Aufwärmen und abends regionales Slow Food schlemmen. Zum Beispiel die eher seltenen Wildaustern probieren, die im Watt zwischen Amrum und Föhr per Hand gesammelt werden.

Der Kniepsand vor Amrum: eine wahre Strandschönheit.

den Kniepsand zurück. Und ab ins Strandrestaurant, Tee trinken. Und anschließend über den Strunwai zurück ins Dorf. Das gleiche Programm wie gestern oder doch noch mal in die Dünen? Es lohnt sich. Vor dem Sonnenuntergang rasch die Stufen zur Aussichtsdüne hinaufklettern. Die Sonne geht im März früh unter, und so gibt es die blaue Stunde schon am späten Nachmittag. Sie ist wie eine Aufforderung: Bleiben Sie lieber auf Amrum!

FAZIT: SICH DEN KRÄFTEN DER NATUR AUSLIEFERN, DAS GEHT BEI WIND UND WETTER AUF AMRUM. ÜBER DEN KNIEPSAND ZU LAUFEN IST DIE WOHL SCHÖNSTE ART, DEN KOPF FREIZUBEKOMMEN.

SONST NOCH WICHTIG

Ein- und Überblick

Karten für den schnellen Überblick, praktische Tipps sowie mehr über die Autorin und ihre liebsten Empfehlungen gibt es auf den folgenden Seiten.

Tourenverlauf

GPX-Daten zum
kostenlosen Download
www.dumontreise.de/
eskapaden/sanktpeterording-sylt

short.travel/ybmwe

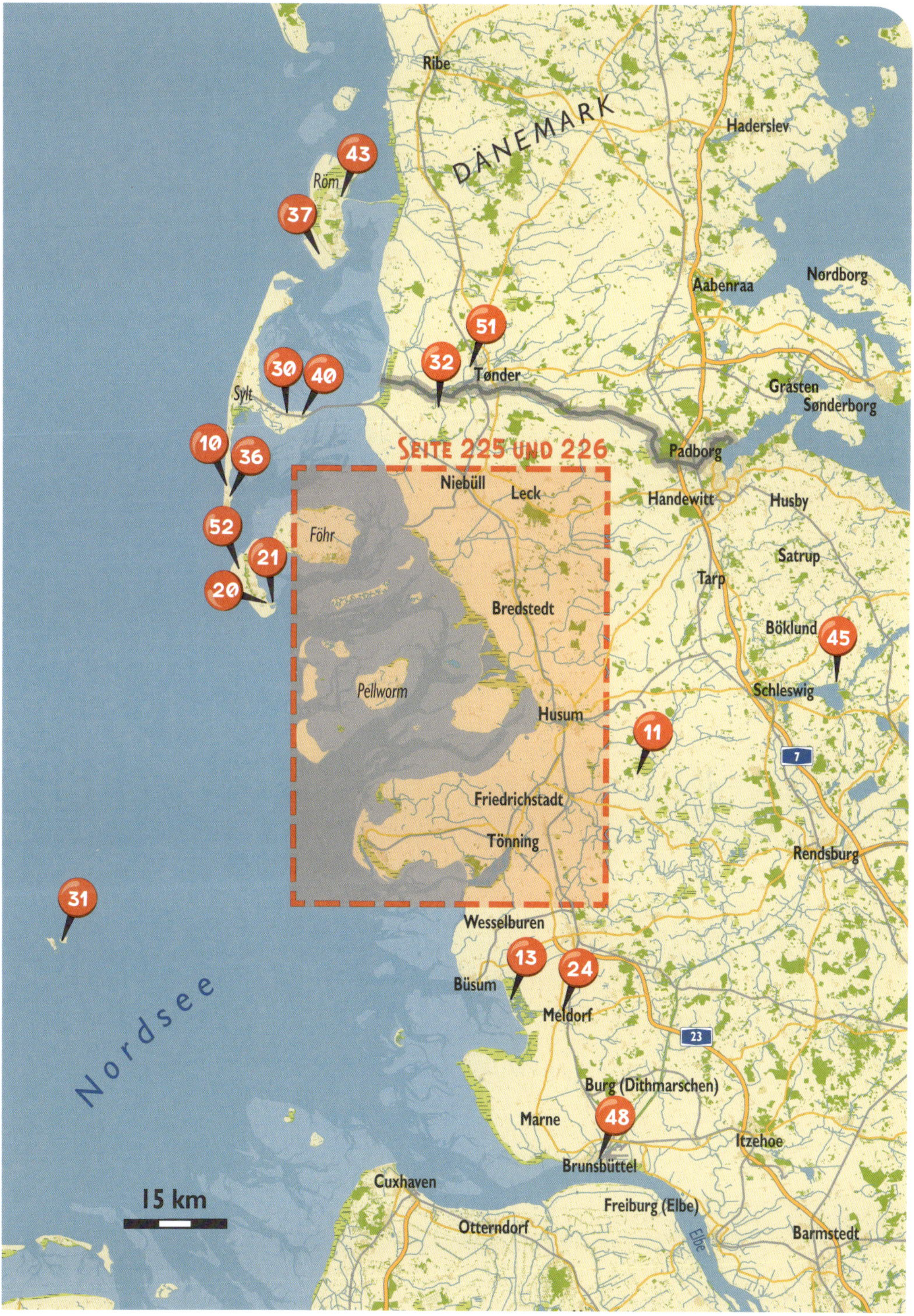

Ribe
DÄNEMARK
Haderslev
Röm
43
37
Aabenraa
Nordborg
51
32
Tønder
30
40
Sylt
Gråsten
Sønderborg
10
36
Seite 225 und 226
Padborg
Niebüll
Leck
Handewitt
Husby
52
Föhr
21
20
Satrup
Tarp
Bredstedt
Böklund
45
Pellworm
Schleswig
Husum
11
7
Friedrichstadt
Tönning
Rendsburg
31
Wesselburen
13
24
Büsum
Meldorf
23
Nordsee
Burg (Dithmarschen)
Marne
48
Itzehoe
Brunsbüttel
Cuxhaven
15 km
Freiburg (Elbe)
Otterndorf
Elbe
Barmstedt

Nordsee
Niebüll
Leck
199
5
38
50
Föhr
47
25
Wyk auf Föhr
Bottschlotter
See
33
9
28
Oland
Langenhorn
Ockholm
15
Langeneß
34
Gröde
42
3
Bredstedt
44
Hooge
18
22
3 km
Pellworm

Pellworm
41
23
Nordstrand
26
46
Husum
200
201
5
Südfall
2
Simonsberg
Rantrum
Nordsee
5
12
1
Witzwort
35
39
Westerhever
Osterhever
Oldenwort
202
17
49
Friedrichstadt
6
4
19
Tümlauer Koog
Garding
7
Sankt Peter Bad
Sankt Peter Böhl
29
27
Tönning
8
Vollerwiek
14
16
Naturschutzgebiet Grüne Insel mit Eiderwatt
3 km

GUT ZU WISSEN …

Schafe in Not

In Nordfriesland gibt es fast so viele Schafe wie Einwohner. Sollte sich mal ein Tier auf die Straße verirren, am besten beim nächsten Hof Bescheid sagen. Liegt ein Schaf auf dem Rücken, kommt es aus eigener Kraft nicht mehr hoch und leidet unter Atemnot. Langsam nähern, dabei beruhigend reden, die Hände unter Schulter und Rücken legen und das Tier beim Drehen unterstützen.

Geschmack nach Meer

Typische Küstengerichte wie Krabben, Schollen und Salzwiesenlamm sind nichts für Vegetarier oder gar Veganer. Doch das Meer schmecken kann man zum Glück auch mit der Zugabe von Queller, dem sogenannten Meeresspargel - eine raffinierte Zutat für Salate und viele andere Gerichte. (#12)

Ohne Auto

Die meisten Orte in Nordfriesland und Umgebung sind mit Bus, Bahn und Schiff zu erreichen. Auf der Halbinsel Eiderstedt existiert zudem ein Rufbus. Bis zwei Stunden vor Abfahrt unter 04862 1000 788 anrufen und den Bus zur Wunschhaltestelle bestellen. Mehr Infos unter www.amt-eiderstedt.de.

Sicherheit im Watt

Nordsee-Urlauber sollten über die Gezeiten im Bilde sein. Ausgiebigere Wattwanderungen nur mit einem Guide machen, bei ablaufendem Wasser und nie allein ins Watt gehen. Mehr unter www.dlrg.de.

Plastik ade!

Wer am Strand spazieren geht, findet immer wieder Plastikmüll. Am besten aufsammeln und im nächsten Mülleimer entsorgen. Der nordfriesische Verein Küste gegen Plastik tut noch mehr: www.kueste-gegen-plastik.de.

NOCH MEHR ESKAPADEN ...

ISBN 978-3-7701-8071-4 ISBN 978-3-7701-8080-6 ISBN 978-3-7701-8086-8

... erhalten Sie im gut sortierten Buchhandel
und unter www.dumontreise.de

IMPRESSUM

Konzept Monique Sorban

Projektmanagement Stefanie Lipke, Monique Sorban, Andrea Wurth

Text & Fotos Elke Weiler, Tetenbüll, www.meerblog.de; mit Ausnahme der Titelseite (mauritius images/ Novarc/Axel Schmies)

Cover-/Buchgestaltung und Illustrationen Carolin Weidemann, Köln, www.weidemann-design.com

Lektorat & Produktion Verlagsbüro Wais & Partner (Melanie Kattanek, Beate König, Julia Rietsch, Kai Wieland), Stuttgart, www.wais-und-partner.de

Kartografie © MAIRDUMONT, Ostfildern, unter Verwendung von Kartendaten von OpenStreetMap, Lizenz CC-BY-SA 2.0

Herstellung Ramona Lamparth

Printed in Poland

1. Auflage 2018

ISBN 978-3-7701-8076-9

www.dumontreise.de

Elke Weiler

… über die Autorin

Elke Weiler liebt Strandkörbe und meint, man müsste ihrem Erfinder ein Denkmal setzen. Es gibt kaum etwas Nützlicheres zum Chillen in windigen Breitengraden. Ihre Lieblingsorte in Nordfriesland sind der weite Strand von Sankt Peter-Ording und der Amrumer Kniepsand.

Vor einigen Jahren zog die Reisejournalistin an die Nordsee und rief Meerblog.de ins Leben. Seitdem bloggt sie über Küsten, Inseln, Meere und das langsame Reisen. Wenn sie nicht gerade Nordfriesland und Umgebung mit dem Rad erkundet oder in der Nordsee badet, geht sie am liebsten gemeinsam mit Hund Julchen und einer alten Acadiane namens Emilia auf Reisen.

Aus der Rolle fallen

Eskapade #14: In Böhl sind die Wege zur Wasserkante lang, aber nicht für den pfiffigen Strandbesucher. Hier gibt es eine kleine Anleitung zum Priel-Chilling, Wasser-Jogging und Flundering!

Glück finden

Eskapade #21: Wie eine Fata Morgana taucht sie mitten im Amrumer Kniepsand auf: eine Hütte aus Strandgut, halb legal und heiß geliebt. Genau dort in der Hängematte schaukeln, mehr braucht es nicht.

5 BESONDERE EMPFEHLUNGEN ...

Die Wucht des Wassers

Eskapade #10: Schwimmen war gestern. Schon mal durch die Nordsee gewandert? Die unglaubliche Kraft des Wassers ist beim sogenannten Longe-Côte am besten spürbar.

Die Welt der Esel

Eskapade #45: Was für ein Gefühl, plötzlich neben einem Esel zu wandern. Zu erfahren, wie er die Welt sieht. Und die Natur an der Schlei neu und anders wahrzunehmen.

Unterm Sternenhimmel

Eskapade #47: Mit dem Ufo ins Weltall? Nicht ganz. Doch nachts, wenn der Strand bei Nieblum auf Föhr menschenleer ist, in einem Strandkorb zu nächtigen, ist etwas Besonderes. Und die Sterne sind zum Greifen nah.